世界传世经典阅读吧

培根的智慧

张秀章　解灵芝　编

吉林人民出版社

图书在版编目(CIP)数据

培根的智慧 / 张秀章, 解灵芝编. -- 长春 : 吉林
人民出版社, 2012.4
　（世界传世经典阅读吧）
　ISBN 978-7-206-08747-9

Ⅰ.①培… Ⅱ.①张… ②解… Ⅲ.①培根,
F.(1561～1626) - 哲学思想 Ⅳ.①B561.21

中国版本图书馆 CIP 数据核字(2012)第 068111 号

培根的智慧
PEIGEN DE ZHIHUI

编　　者:张秀章　解灵芝
责任编辑:王　丹　　　　　　　封面设计:七　洱
吉林人民出版社出版 发行(长春市人民大街7548号　邮政编码:130022)
印　　刷:北京市一鑫印务有限公司
开　　本:670mm×950mm　　1/16
印　　张:13.5　　　　　　　字　　数:160千字
标准书号:ISBN 978-7-206-08747-9
版　　次:2012年4月第1版　　印　　次:2023年6月第3次印刷
定　　价:48.00元

如发现印装质量问题,影响阅读,请与出版社联系调换。

目　录

人类·自然

人作为自然界的臣相和解释者，他所能做、所能懂的只是如他在事实中或思想中对自然进程所已观察到的那样多，也仅仅那样多，在此以外，他是既无所知，亦不能有所作为。

《新工具》

赤手做工，不能产生多大效果；理解力如听其自理，也是一样。事功是要靠工具和助力来做出的，这对于理解力和对于手是同样的需要。手用的工具不外是供以动力或加以引导，同样，心用的工具也不外是对理解力提供启示或示以警告。

《新工具》

1

在获致事功方面，人所能做的一切只是把一些自然物体加以分合。此外则是自然自己在其内部去做的了。

《新工具》

人类知识和人类权力归于一，因为凡不知原因时即不能产生结果。要支配自然就须服从自然；而凡在思辨中为原因者在动作中则为法则。

《新工具》

着眼于事功的自然研究是为机械学家、数学家、医生、炼金家和幻术家所从事着；但都（如现在的情况）努力甚微，成功亦少。

《新工具》

期望能够做出从来未曾做出过的事而不用从来未曾试用过的办法，这是不健全的空想，是自相矛盾的。

《新工具》

从许多书籍和许多制造品看来，心和手所产出的东西是很多了。但所有这些花样乃是出于少数已知事物的精华和引申，而无关于原理的数目。

《新工具》

并且，已得的一些事功又还是得自偶遇和经验而非出于科学；因为我们现在所拥有的科学还只不过是把若干已经发现的事物加以妥善调整并予以提出的一些体系，而并不是什么发明新事功的方法或对新事功的指导。

《新工具》

在各种科学当中，几乎一切毛病的原因和根源都在这一点：我们于虚妄地称赞和颂扬人心的能力之余，却忽略了给它寻求真正的帮助。

《新工具》

自然的精微较之感官和理解力的精微远远高出若干倍，因此，

人们所醉心的一切"像煞有介事"的沉思、揣想和诠释等等实如盲人暗摸，离题甚远，只是没有人在旁注视罢了。

《新工具》

正如现有的科学不能帮助我们找出新事功，现有的逻辑亦不能帮助我们找出新科学。

《新工具》

现在所使用的逻辑，与其说是帮助着追求真理，毋宁说是帮助着把建筑在流行概念上面的许多错误固定下来并巩固起来。所以它是害多于益。

《新工具》

三段论式不是应用于科学的第一性原理，应用于中间性原理又属徒劳，这都是由于它本不足以匹对自然的精微之故。所以它是只就命题迫人同意，而不抓住事物本身。

《新工具》

三段论式为命题所组成，命题为字所组成，而字则是概念的符号。所以假如概念本身（这是这事情的根子）是混乱的以及是过于草率地从事实抽出来的，那么其上层建筑物就不可能坚固。所以我们的唯一希望乃在一个真正的归纳法。

《新工具》

我们的许多概念，无论是逻辑的或是物理的，都并不健全。"本体""属性""能动""受动"及"本质"自身，都不是健全的概念；其他如"轻""重""浓""稀""湿""燥""生成""坏灭""吸引""排拒""元素""物质""法式"以及诸如此类的概念，就更加不健全了。它们都是凭空构想的，都是界说得不当的。

《新工具》

我们的另一些属于较狭一种的概念，如"人""狗""鸽"等等，以及另一些属于感官直接知觉的概念，如"冷""热""黑""白"等等，其实质性不致把我们引入迷误；但即便是这些概念有时

5

仍不免因物质的流动变易和事物彼此掺和之故而发生混乱。至于迄今为人们所采用的一切其他概念，那就仅是些漫想，不是用适当的方法从事物抽出而形成起来的。

《新工具》

这种任意性和漫想性，在原理的构成中也不减于在概念的形成中，甚至即在那些确借普通归纳法而获得的原理中也不例外；不过总以在使用三段论式所演绎出的原理以及较低级的命题中为更多得多。

《新工具》

科学当中迄今所做到的一些发现是邻于流俗概念，很少钻过表面。为要钻入自然的内部和深处，必须使概念和原理都是通过一条更为确实和更有保障的道路从事物引申而得；必须替智力的动作引进一个更好和更准确的方法。

《新工具》

培
根

钻求和发现真理，只有亦只能有两条道路。一条道路是从感官和特殊的东西飞越到最普遍的原理，其真理性即被视为已定而不可动摇，而由这些原则进而去判断，进而去发现一些中级的公理。这是现在流行的方法。另一条道路是从感官和特殊的东西引出一些原理，经由逐步而无间断的上升，直至最后才达到最普通的原理。这是正确的方法，但迄今还未试行。

《新工具》

理解力如任其自流，在一个清醒的、沉静的和严肃的心灵说来，特别是如果它没有被一些公认的学说所障碍的话，它亦会在另一条即正确的道路上略略试步，但浅尝辄止，因为理解力这东西，除非得到指导和帮助，本是不足以匹敌、不配来抗对事物的奥秘的。

《新工具》

上述两条道路都是从感官和特殊的东西出发，都是止息于最高普通性的东西；但二者之间却有着无限的不同。前者对于经验和特殊的东西只是瞥眼而过，而后者则是适当地和按序地贯注于它们。

还有，前者是开始时就一下子建立起某些抽象的、无用的、普遍的东西，而后者则是逐渐循级上升到自然秩序中先在的而为人们知道得较明白的东西。

《新工具》

人心的假象和神意的理念二者之间有绝大的不同。这也就是说，某些空洞的教条和像在自然中所见到的那样标示在创造上的一些真正的钤记与标志这二者之间有绝大的不同。

《新工具》

理解力如任其自流，就会自然采取与逻辑秩序正相吻合的那一进程（就是走前一条道路）。因为心灵总是渴欲跳到具有较高普遍性的地位，以便在那里停歇下来，而且这样之后不久就倦于实验。但这个毛病确又为逻辑所加重，因为逻辑的论辩有其秩序性和严正性。

《新工具》

由论辩而建立起来的原理，不会对新事功的发现有什么效用，这是因为自然的精微远较论辩的精微高出多少倍。但由特殊的东西而适当地和循序地形成起来的原理，则会很容易地发现通到新的特殊的东西的道路，并从而使各门科学活跃起来。

《新工具》

现在所使用的一些原理，因为仅是由贫乏的和手工性的经验以及很少一些最普通常见的特殊的东西提示而来，故其大部分的范围都仅仅恰合于这些东西而把它们包收在内；那么，它们之不会导向新的特殊的东西也就无足怪了。而若是有些前所未察和前所不知的相反事例偶然撞来，这原理则借略做一些无关宏旨的区划而获救并得保存下去；而其实只有改正这公理本身才是真正的途径。

《新工具》

为区别清楚起见，人类理性以上述那种通用方式应用于自然问题而得出的结论，我名之为对自然的冒测（指其粗率和未成熟而言）；至于另一种经由一个正当的和有方法的过程而从事实抽出的理论，我名之为对自然的解释。

培根

《新工具》

对于同意这一点说来，冒测颇是一个足够强固的根据；因为即使人们都疯了而都疯得一样，他们彼此之间也会很好地取得一致的。

《新工具》

就着赢取同意而言，实在说来，冒测还远较解释为有力。因为冒测是搜集为数甚少而且其中大部分又是通常习见的事例而成，所以它能径直触动理解力并充填想象力；至于另一方面，解释则是随时随地搜集到处散见的各种各样的事实而成，所以它不能陡然地打动理解力，因而在当时的意见面前，它就不能不显得粗硬和不协调，很像信仰的一些神秘的东西一样。

《新工具》

建筑在意见和武断的一些科学当中，冒测和逻辑是有效用的；因为在那里目标乃是要迫人同意于命题，而不是要掌握事物。

《新工具》

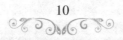

若是使用冒测的方法，纵使尽聚古往今来的一切智者，集合并传递其劳动，在科学方面也永远不会做出什么大的进步；因为在人心里早已造成的根本错误不是靠机能的精良和后来的补救能治好的。

《新工具》

现在劫持着人类理解力并在其中扎下深根的假象和错误的概念，不仅围困着人们的心灵以致真理不得其门而入，而且即在得到门径以后，它们也还要在科学刚刚更新之际聚拢一起来搅扰我们，除非人们预先得到危险警告而尽力增强自己以防御它们的猛攻。

《新工具》

围困人们心灵的假象共有四类。为区分明晰起见，我各给以定名：第一类叫作族类的假象，第二类叫作洞穴的假象，第三类叫作市场的假象，第四类叫作剧场的假家。

《新工具》

以真正的归纳法来形成概念和原理，这无疑乃是排除和肃清假象的对症良药。而首先指出这些假象，这亦有很大的效用；因为论述"假象"的学说之对于"解释自然"正和驳斥"诡辩"的学说之对于"普通逻辑"是一样的。

《新工具》

族类假象植基于人性本身中，也即植基于人这一族或这一类中。若断言人的感官是事物的量尺，这是一句错误的话。正相反，不论感官或者心灵的一切觉知总是依个人的量尺而不是依宇宙的量尺；而人类理解力则正如一面凹凸镜，它接受光线既不规则，于是就因在反映事物时掺入了它自己的性质而使得事物的性质变形和褪色。

《新工具》

有些人主张确实性是绝对不能获致的，这学说和我所采取的进行途径在其最初起步时也有一些一致之处；但这两个学说在结局上却远远地分开了，并且是相互反对。主张那种学说的人们只是简单地断言，一切事物都是不可解的，而我固亦断言，若用现所通用的

方法，则对自然中的事物确是不能了解多少。但是由此，他们却进

至根本破除感官和理解力的权威；而我呢，则进而筹划要供给它们

以帮助。

《新工具》

保加（Borgia）关于法军征意一役曾经这样说过：他们只是手执

粉笔前来画出自己的寓所，并不是使用武器来打开自己的进路。我

亦愿意使我的学说同样平平静静地进入那适于接受它和能够接受它

的人心之中；因为，凡分歧是发生在第一性原则和概念自身以及甚

至是在论证的形式的时候，驳辩总是应用不上的。

《新工具》

我们的传授方法只有一条，简单明了地说来就是：我们必须把

人们引导到特殊的东西本身，引导到特殊的东西的系列和秩序；而

人们在自己一方面呢，则必须强制自己暂把他们的概念撇在一边，

而开始使自己与事实熟习起来。

《新工具》

洞穴假象是各个人的假象。因为每一个人（除普遍人性所共有的错误外）都各有其自己的洞穴，使自然之光屈折和变色。这个洞穴的形成，或是由于这人自己固有的独特的本性；或是由于他所受的教育和与别人的交往；或是由于他阅读一些书籍而对其权威性发生崇敬和赞美；又或者是由于各种感印，这些感印又是依人心之不同（如有的人是"心怀成见"或"胸有成竹"，有的人则是"漠然无所动于中"）而作用各异的；以及类此等等。这样，人的元精（照各个不同的人所秉受而得的样子）实际上是一种易变多扰的东西，又似为机运所统治着。因此，赫拉克利泰（Heraclitus）曾经说得好，人们之追求科学总是求诸他们自己的小天地，而不是求诸公共的大天地。

《新工具》

另有一类假象是由人们相互间的交接和联系所形成，我称之为市场的假象，取人们在市场中有往来交接之意。人们是靠谈话来联系的；而所利用的文字则是依照一般俗人的了解。因此，选用文字之失当害意就惊人地阻碍着理解力。有学问的人们在某些事物中所惯用以防护自己的定义或注解也丝毫不能把事情纠正。而文字仍公然强制和统辖着理解力，弄得一切混乱，并把人们岔引到无数空洞的争论和无谓的幻想上去。

《新工具》

古代著作家——实在是一切古代著作家——的荣誉并未有所触动；因为我所挑起的较量并非属于智慧和才具，而是属于道路和方法，并且我所自任的角色又不是一个裁判官，而只是一个向导员。

《新工具》

还有一类假象是从哲学的各种各样的教条以及一些错误的论证法则移植到人们心中的。我称这些为剧场的假象；因为在我看来，一切公认的学说体系只不过是许多舞台戏剧，表现着人们自己依照虚构的布景的式样而创造出来的一些世界。我所说的还不仅限于现在时兴的一些体系，亦不限于古代的各种哲学和宗派；有见于许多大不相同的错误却往往出于大部分相同的原因，我看以后还会有更多的同类的剧本编制出来并以同样人工造作的方式排演出来。我所指的又还不限于那些完整的体系，科学当中许多由于传统、轻信和疏忽而被公认的原则和原理也是一样的。

关于上述各类假象，我还必须更扩大地和更确切地加以论列，以使理解力可以得到恰当的警告。

《新工具》

若期待用在旧事物上加添和移接一些新事物的做法来在科学中取得什么巨大的进步，这是无聊的空想。我们若是不愿意老兜圈子而仅有极微小可鄙的进步，我们就必须从基础上重新开始。

《新工具》

即使只想把我所提出的东西对人们传授和解说明白，也并不是容易的事；因为人们对于那本身其实是新的事物也总是要参照着旧的事物去领会。

《新工具》

有一点必须明白地声明：要用冒测的办法（也就是说，要用现所通用的推论的办法）来对我的方法或这个方法所导致的一些发现做出什么裁判，那是不会恰当的；一个自身正被审判着的法庭所做出的判词，当然不能强迫我去服从它。

《新工具》

人类理解力依其本性容易倾向于把世界中的秩序性和规则性设想得比所见到的多一些。虽然自然中许多事物是单独而不配对的，人的理解力却每爱给它们想出一些实际并不存在的平行物、连属物和相关物。由于这样，人们就虚构出一切天体都按正圆轨道而运动之说，而完全排拒了（除在名字上外）螺旋线和龙头龙尾的想法。由于这样，人们就把"火"这一元素连同它的圈盘抬了进来，以与感官所知觉到的其他三种元素配在一起，硬凑成四。由于这样，人们还把这些所谓元素的密度比例强制地规定为10：1。诸如此类的其他梦呓还有许多。这些幻想不仅影响着教条，并且影响着简单的概念。

《新工具》

培根

人类理解力最易被同时而陡然打入心中从而足以充填想象力的一些事物所引动；经此之后，它更假想一切其他事物和那些包围着它的少数事物多少总有些相似，虽然它并不能看出怎样相似。至于说到要往复从事于许多远隔而相异的事例，俾使原理得象火一样受到一番考验，那么人的智力就完全迟钝而不相适，除非有严格的法则和统治性的权威来强制它到那里去。

《新工具》

人类理解力是不安静的，它总不能停止或罢休，而老要推向前去，但却又是徒劳。正由于这样，所以我们总是不能想世界有什么末端或界限，而永远似不得已地想着总还有点什么在外边……关于一条线的无限可分割性，同样由于思想欲罢不能之故，也有着相同的微妙情形。而在对原因的追查当中，这种欲罢不能的情形则作祟更甚：对于自然中的最普遍的原则，本只该照着它们被发现的样子认定它们就是绝对的，而不能再以什么道理来把它们归到一个什么原因；可是人类理解力由于自己不能罢休之故，却仍要寻求自然秩序中的什么先在的东西。结果，它在努力追求较远的东西中却回头落到近在手边的东西上，就是说，落到目的因上；而这种原因分明是与人的性质有关而与宇宙的性质无关的，而正是从这个根源上就把哲学搅得不成样子了。可以说，把一个对于最普通的东西还要寻求原因的人和一个对于附属的、特称的东西也不想寻求原因的人相比，前者并不是一位较不拙劣和较不肤浅的哲学家。

《新工具》

培根

人生·命运

生与死是不足为奇的，对刚出世的婴儿来说，两者也许是完全一样的，无所谓哪个痛苦哪个不痛苦。

《论死亡》

顺境中不无隐忧和烦恼；逆境中不无慰藉和希望。

《论逆遇》

人应不失时机地创造机会。

《学识的增长》

命运有点女人的气质，你越向她求爱，她就离你越远。

《学识的增长》

人的天性不是长出秀草就是长出杂草，非此则彼，非彼则此，因此，必见机为秀草浇水，勤除杂草。

《随笔集》

人的命运，主要掌握在人自己手中。

《论命运》

培
根

财富的用处是消费，而消费的目的是为了光荣或善举。

《论消费》

对于财富我叫不出更好的名字来，只能把它叫作"德性的行李"。罗马话里的字眼更好——impedimenh（障碍物、辎重、行李）。因为财富之于德性正如辎重之于军队。辎重是不可无，也不可抛弃于后的，但是它阻碍行军；并且，有时候因为顾虑辎重而失却或扰乱胜利。

《论财富》

致富之术很多，而其中大多数是卑污的。

《论财富》

吝啬是其中最好的一种，然而也不能算纯洁无罪；因为吝啬的手段使人不肯施舍救贫。发展地中的产物是最自然的致富术，因为这些产物是我们大家的母亲——大地——的赏赐，但是用这种方法发财是很慢的。

《论财富》

不要相信那些表面上蔑视财富的人；他们蔑视财富的缘故是因为他们对财富绝望；若是他们有了财的时候，再没有比这般人爱财的了。

《论财富》

不要爱惜小钱；钱财是有翅膀的，有时它自己会飞去，有时你必须放它出去飞，好招引更多的钱财来。

《论财富》

金钱好似肥料，如不普及便无好处。

《论谋叛与变乱》

青年人较适于发明而不适于判断；较适于执行而不适于议论；较适于新的计划而不适于惯行的事务。因为老年人的经验，在其范围以内的事物上，是指导他们的，但是在新的事物上，则是欺骗他们的。青年人的错误常使事务毁坏；而老年人的错误充其量不过是也许可以做得更多一点，或者更早一点而已。青年人在执行或经营某事的时候，常常所包揽的比所能办到的多，所激起的比所能平伏的多；一下就飞到目的上去，而不顾虑手段和程度；荒唐地追逐某种偶然遇见的主义；轻于革新，而革新这种举动是会引起新的不便来的；在初始就用极端的补救之法；并且不肯承认或挽救错误——这把一切错误都加重一倍——就好像一匹训练不足的马一样，既不肯停，也不肯转。有年岁的人过于喜欢反对别人，商量事务商量得过久，冒险过少，后悔太快，并且很少把事务推进到十分彻底的地步的；反之，只要有点稀松平常的成功，他们就很满足了。

《论青年与老年》

阿拉贡的阿隆索，在称赞老年人时常常说，有四种上年纪的东西是最好的：老树最易烧；陈酒最好喝；老朋友最可信；老作家最受欢迎。

《格言》

死亡是我们的朋友，不能取悦于他的人，永远得不到安逸。

《遗稿剩墨·死论》

凡过于把幸运之事归功于自己的聪明和智谋的人，多半结局是很不幸的。

《论说文集》

死与生同其自然；也许对一个婴儿来说生与死是同样痛苦的。

《随笔集》

在某种热烈的行为中死了的人有如在血液正热的时候受伤的人一样，当时是不觉得痛楚的；所以一个坚定的，一心向善的心智是能免于死的痛苦的。

《论财富》

智者创造的机会比他得到的机会要多。

《论礼貌和尊敬》

财宝丰富人类生活。

《随笔集》

古谚说得好，机会老人先给你送上它的头发，当你没有抓住再后悔时，却只能摸到它的秃头了。或者说它先给你一个可以抓的瓶颈，你不及时抓住，再得到的却是抓不住的瓶身了。

《论人生》

当危险逼近时，善于抓住时机迎头邀击它要比犹豫躲闪它更有利。因为犹豫的结果恰恰是错过了克服它的机会。

《论时机》

人在开始做事前要像千眼神那样察视时机，而在进行时要像千手神那样抓住时机。

《论时机》

一方面幸运与偶然性有关——例如长相漂亮、机缘凑巧等，但另一方面，人之能否幸运又决定于自身。正如古代诗人所说："人是自身幸福的设计师。"

《论人生》

名誉的确好像一条河，能载轻浮中空之物而淹没沉重坚实之物。

《论说文集》

名誉有如江河，它所漂起的常是轻浮之物，而不是确有真分量的实体。

《论称赞》

虚荣心就如同天花板上的一层油漆一样，它使得那天花板不但能够发亮而且能够持久。

《论说文集》

嫉妒心是荣誉的害虫，要想消灭嫉妒心，最好的方法是表明自己的目的是在求事功而不求名声。

《论说文集》

幸运的机会好像银河，它们作为个体是不显眼的，但作为整体却光辉灿烂。同样，一个人若具备许多细小的优良素质，最终都可能成为带来幸运的机会。

《论人生》

培根

……对于前人的遗名应当公平和爱护，因为假如你不这样做，那么这就不啻是一种债务。将来你去位的时候人家一定要偿还你的。如果你有同僚的话，尊重他们，并且宁可在他们并不期望被召的时候召请他们，而不要在他们有理由希冀被召的时候拒见他们。在谈话和私下答复请求者的时候不要过于自觉或过于记着你的地位；反之最好让人家说，"他在执行职务的时候是另一个人"。

《论高位》

幸运并非没有许多的恐惧与烦恼，厄运也并非没有许多的安慰与希望。

《论说文集》

"幸运的好处是应当希望的，但是厄运的好处是应当惊奇叹赏的"，这是塞奈喀仿画廊派的高论。无疑地，如果奇迹的意思是"超越自然"，那么奇迹多是在厄运中出现的。塞氏还有一句比这更高的话（这话由一个异教徒说出，几乎是太高了）："一个人有凡人的脆弱而又有神仙的自在无忧，那就是真正的伟大"。这句话如果是一句诗，也许更好一点，因为在诗里头，高夸的说法，好像是更为可许似的。诗人们也真的常说这句话，因为这句话实际就是古诗人常述的那个奇谈中所表现的——而这个奇谈又似乎非无深义的……但是用平凡的话来说，幸运所生的德性是节制，厄运所生的德性是坚忍；在伦理上讲来，后者是更为伟大的一种德性。幸运是《旧约》中的福祉，厄运是《新约》中的福祉；而厄运所带来的福祉更大，所诏示的上帝的恩惠更为明显。然而即在《旧约》之中，如谛听大卫的琴音，就一定可以听见与欢颂一般多的哀歌，并且圣灵的画笔在形容约伯的苦难上比在形容所罗门的幸福上致力得多了。幸运并非没有许多的恐惧与烦恼；厄运也并非没有许多的安慰与希望。在针工与刺绣中，我们常见，若在一片阴沉的底子上安排一种漂亮的花样，比在一片浅色的底子上安排一种暗郁的花样悦目得多，从这眼中的乐趣上推断心中的乐趣罢。无疑地，美德有如名香，经燃烧或压榨而其香愈烈，盖幸运最能显露恶德而厄运最能显露美德也。

《论困厄》

成人之怕死犹如儿童怕人暗处；儿童的天然恐惧因故事而增加，

成人对于死的恐惧亦复如此。当然，静观死亡，它作为罪孽的报酬和通向另一个世界的路途，是神圣而且合乎宗教的，但是恐惧死亡，把它作为我们对自然应纳的贡献，则是愚弱的。然而在宗教沉思中有时也杂有虚妄和迷信……呻吟与痉挛，变色的面目，朋友的哭泣，墨絰及葬仪，诸如此类都显出死的可怕。

《论死亡》

值得注意的是，人心中的各种情感，无论多少软弱无力，没有一种是不能克服对死亡的恐惧的；既然一个人身旁有这样多侍从，都能打败死亡，可见死亡不算是那样可怕的敌人。复仇之心胜过死亡；爱恋之心蔑视死亡；荣誉之心希冀死亡；忧伤之心奔赴死亡；恐怖之心凝神于死亡。

《论死亡》

居高位的人是三重的仆人：君主或国家的仆人；名声的仆人；事业的仆人。所以他们是没有自由的，既没有个人的自由，也没有行动的自由，也没有时间的自由。要寻求权力而失掉自由，或寻求凌驾他人的权力而失却统治自己的权力，这是一种奇异的欲望。

《论高位》

幸运所需要的美德是节制，而厄运所需要的美德是坚忍；后者比前者更为难能可贵。

《论人生》

一切幸运都并非没有烦恼，而一切厄运也绝非没有希望。

《论人生》

正如恶劣的品质可以在幸运中暴露一样，最美好的品质也正是在厄运中被显示的。

《论人生》

人是自身幸福的设计师。

《论幸运》

各种思想也像人一样有自己的童年。

《论人生》

一个人幸运的造成，主要在于他自己。

《论幸运》

老年人是自己走向死亡，而死亡却找到年轻人头上。

《箴言集》

命运不会满足于只给人带来一次不幸。

《理性主义的外饰》

顺境最易见败行，逆境最可见美德。

《人生论》

顺境之美德是节制，逆境之美德是坚忍。

《人生论》

处顺境必须谨慎，处逆境必须忍耐。

《人生论》

顺境中的好运，为人们所希冀；逆境中的好运，则为人所惊奇。

《人生论》

顺境里也有许多可怖和不称心的事；逆境中未尝就没有慰藉和

希望。

《人生论》

困难是严正无比的教师。

《人生论》

奇迹多是在厄运中出现的。

《论说文集》

无可否认，外因，如恩惠、机遇、他人之死、合乎美德的诱因

等，皆有益于命运。然而，人的命运主要掌握在人自己手中。

《论命运》

犹如儿童害怕在黑夜中行走，人类对于死亡的恐惧也由于听信

了太多的鬼怪故事而增强。

《人生论》

推崇死亡，把它看作罪恶的报应和通往另一世界的门径，是虔

诚的宗教；但是害怕死亡，把它看作对自然的纳贡，则是一种愚蠢

的思想。

《人生论》

但是，在宗教的沉思中有时也夹杂着虚妄和迷狂的内容。在有

些修道士的禁欲书中你可以看到这样的句子：一个人应当设身处

地想想，要是他有一个手指受刑，那种痛苦将是何种滋味。

《人生论》

值得庆幸的是，人类的心灵无论多么脆弱，但总能克服对死亡

的恐惧。事实上，人类有许多伴侣，可以将他们从死亡的恐惧中解

救出来。

《人生论》

培根

宗教·信仰

宗教是维系人类社会的纽带之一，故保持其自身的相对统一是件幸事。对异教徒而言，关于宗教的争论和分歧乃闻所未闻之恶行。其原因是异教徒的宗教更在于仪式典礼，而非在于某种永恒不变的信仰。因为他们的神学宗师都是些诗人，所以不难想象他们崇奉的是何等宗教。但那位真正的上帝自有其特性，即他是一个"好忌妒的上帝"；因此对他的崇拜和信仰既容不得龙蛇混杂亦容不得分一杯羹。

《随笔集》

保持信仰统一的方式有两种：一种与教会内部的人有关，一种与教会外部的人有关。对前者来说，异教与其信徒是伤风败俗的万

恶之源，正如人体伤口进入的异物导致腐败一样，精神上的腐败亦

会如此。

《人生论》

至于统一的界限亦极为重要。有两种极端的看法。对某些狂妄

者而言，所有的调和妥协都是可憎的。就如《旧约》中所说："和

平不和平与你何干？你转过头去吧！"这一派人宁可不要和平只要宗

派。相反，有些教派一味追求妥协折中，甚至不顾信仰的基本原则。

这两种极端的态度都是应当避免的。

《人生论》

圣保罗曾说："如果一个异教徒听到你们这些七嘴八舌的教义，

他恐怕只会认为这里有一群疯子。"确实，当无神论者看到宗教之中

的这种矛盾冲突，更会使他们远离圣殿，而高踞于"亵渎者"的座

位之上了。

《人生论》

迷信是上帝的耻辱。

《论迷信》

在所有的迷信中，聪明人总是跟着傻瓜。

《论迷信》

迷信以及神学糅入哲学，对哲学的败坏作用则更为广泛，而且有着最大的危害，不论对于整个体系或者对于体系的各个部分都是一样。

《新工具》

迷信若无遮掩则是一种残缺丑恶的东西；譬如一只猿猴，因为它太象人了所以更加丑恶；所以迷信的类似宗教之处也使其更为丑恶。

《论迷信》

如果试图以武力统一信仰，那是违背天意的，这是用记录上帝训谕的第一块石碑去击打另一块石碑。要知道上帝认为，人类不仅是基督徒，而且首先也是人。

《人生论》

那柄尘世之剑，千万不要为着宗教信仰问题而挥舞。

《人生论》

如果把宗教之剑交给庸众去操持，就更是荒谬可怕的，这种做法如同留给魔鬼。因此，当魔鬼说："我要升临天堂与上帝并驾齐驱。"这固然是肆无忌惮的渎神言论，但是如果假借上帝之名并让他说"我将降临人间做黑暗之王"，那岂不是更肆无忌惮的渎神之举？

《人生论》

对于一切以宗教和信仰名义进行煽动的暴力行为，以及一切为这种行为辩护的邪说，君王们应当用他们的法律和剑，智者们应当以他们的笔，最无情地将其投诸地狱！

《人生论》

如果以宗教的名义谋杀君王，屠宰人民，颠覆国家和政府，把圣灵的徽识由鸽子变成兀鹰和乌鸦，把普渡众生的慈航变做凶残的海盗之船。其所作所为不是亵渎圣灵吗？

《人生论》

如果宗教信仰趋于统一，那么人类必将幸福。

《人生论》

人也是如此，如果他信赖或使自己确信有神的庇护和恩宠，他也会获得人性本身的力量和信心。

《随笔集》

正如其在任何方面都可厌可恨一样，无神论在这一点上也不例外，因为它会剥夺人性借以自我升华并超越脆弱的工具。此理于人如斯，于国家民族亦然。

《随笔集》

但若是人们以为离先前的迷信越远越好，那又会出现一种为避免迷信而产生的迷信。所以就像用药物催泻得小心一样，纠正迷信也得当心勿矫枉过正。

《随笔集》

培根

真理·哲理

　　何为真理？彼拉多曾戏问，且问后不等回答。世上的确有人好见异思迁，视固守信仰为枷锁缠身，故而在思想行为上都追求自由意志。虽说该类学派的哲学家均已作古，然天下仍有些爱夸夸其谈的才子，他们与那些先贤一脉相承，只是与古人相比少些血性。但假象之所以受宠，其因不止于世人寻求真理之艰辛，亦非觅得之真理会对人类思维施加影响，而是缘于一种虽说缺德但却系世人与生俱有的对假象本身的喜好。

《随笔集》

　　从神学和哲学上的真理说到世俗交往中的诚实，连那些不信奉真理者也得承认，行为光明磊落乃人性之保证，而弄虚作假则犹如

往金银币里掺合金，此举或更利于钱币流通，但却降低了钱币的成色。盖此类三弯九转的做法乃蛇行之法，蛇行无足可用，只能卑贱地用其肚腹。最令人无地自容的恶行莫过于被人发现其阳奉阴违，背信弃义；因此蒙田的说法可谓恰如其分，他探究谎言为何这般可耻这般可恨时说：细细想来，说人撒谎就等于说他不畏上帝而惧世人。因谎言直面上帝而躲避世人。想必撒谎背信之恶不可能被揭示得比这更淋漓尽致了，依照此说，撒谎背信将是唤上帝来审判世人的最后钟声。

《随笔集》

在人们看来，真理犹如一颗名贵的珍珠，但它没有钻石或玉石值钱。

《人生论》

既然人们把某种个别的发现尚且看得比那种泽及人类的德政还要重大，那么，若有一种发现能导致其他一切东西的更容易发现，这是多么使人欢乐的发现啊！还是以光为喻来说明（事实上是这样），光使我们能够行路，能够读书，能够钻研艺术，能够相互辨认，其功用诚然是无限的；可是人们之见到光，这一点本身却比它的一切功能都更为卓越和美好。同理，我们对事物进行思辨这件事本身就比各种发明的一切成果都更有价值，只要我们的思辨是如实的，没有迷信、没有欺骗、没有错误、也没有混乱。

《新工具》

作伪和掩饰的重大裨益有三点：第一是不引起反对者的怀疑可以出其不意。因为一个人的意向如果是公开了，就等于发出了唤起一切敌人的警报。第二是为自己留一个安全的退步。因为一个人如果明说要如何如何，因而束缚了自己，那么他要么干到底，要么被人打倒。第三是可以有较好的机会去看破别人的心思。因为对一个暴露自己的人，别人是不会公开反对他的；他们将干脆让他继续说下去而把他们自己言论的自由变为思想的自由。因此西班牙人有句成语："撒一个谎以便发现一件真事"。除了作伪并无发现真情之术也。持平言之，作伪与掩饰也有三种害处。第一，作伪与掩饰平常总带着一种畏怯的模样。这种恐惧的态度在任何事件中，都不免为

其直达目标而带来阻碍。第二，作伪与虚饰使得许多人心中迷惘，

莫名其妙，而这些人与那个作伪掩饰的人在相反的情况下也许会合

作的；作伪与掩饰使人独自跋涉，去达到他自己的目的。第三种而

且是最大的害处，就是作伪与掩饰剥夺一个人做事的主要工具——

信任。最好的结合是有坦白之名，隐秘之习，掩饰之适当应用；并

且有作伪的能力，假如没有别的办法。

《论作伪与掩饰》

培

根

至于说到权威一层，人们若如此折服于作家而否认时间的权利，

这只是表明他智力薄弱。因为时间乃是众作家的作家，并且是一切

权威的作家。有人把真理称作时间的女儿，而不是权威的女儿，这

是非常正确的。

《新工具》

真理这件东西可以说是无隐无饰的白昼之光，它显露的并不是

世间那些假面、嬉笑和胜利者的荣耀，而是像烛光那样平静和优美。

真理在世人眼中的价值好像如同一颗珍珠，它在白天是最好看的东

西，但是它决够不上那在各种不同的光线下闪闪发光的钻石和红玉的价值。一个掺杂了其他东西的谎言反而容易遭人喜爱。

《论真理》

然而，无论这些事情在人类堕落的判断和偏爱中会如何，然而真理，这个只作出自身判断的东西，只教诲人们去探索真理，即向真理求婚和与之结婚；教诲人们以真理的知识，即让真理展现出来；教诲人们信仰真理，即让人们从真理中得到快乐。这些都是人性中至高无上的美德。

《论真理》

神性这个问题或用教诲真理的形式或用驳倒谬误的形式来处理。宗教的衰落，除了无神论对它的否定之外，还有三个原因：异端、偶像崇拜、巫术。异端是用虚假的崇拜来服务于上帝；偶像崇拜是崇拜虚假的众神，假定它们是真实的，在我们崇拜虚假的众神并知道它们是邪恶虚妄时，则是巫术。

《学术的进展》

如果真正地观察一下议事和执政的官吏，其中也许可以发现（虽然这是很稀有的）几个能使小国变为大邦，而不能弄琴的人；同时，另一方面却可以发现许多巧于弄琴可是不但不能使小国变成大邦，而且是有相反的天才的人，他们是能把一个伟大而兴盛的国家带到衰败凋零的地步的。

《论邦国的真正伟大之处》

探究和发现真理，只有而且只能有两条道路，一条道路是从感觉和特殊的东西飞越到最一般的公理，其真理性即被视为已定而不可动摇的，而由这些原则进而去判断，进而去发现一些中级的公理。这是现在流行的方法。另一条道路是从感觉和特殊的东西引出它的公理，经由逐步而无间断的上升，直到最后才达到最一般的公理。这是正确的方法，但迄今还未试行过……这两条道路都是从感觉和特殊的东西出发，都是停止于最普遍的东西。但两者之间却有着天壤之别。前者对于经验和特殊的东西只是瞥眼而过，而后者则是适当地和按序地贯注于它们。还有，前者是开始时就一下子建立起某

些抽象的、无用的、普遍的东西，而后者则是逐渐循级上升到自然

秩序中先在的而为人们知道得较明白的东西。

《新工具》

真理是时间的产物，而不是权威的产物。

《论说文集》

研究真理（就是向它求爱求婚），认识真理（就是与之同处），

和相信真理（就是享受它）乃是人性中最高的美德。

《论说文集》

在人类历史的长河中，真理因为像黄金一样重，总是沉于河底

而很难被人发现；相反地，那些牛粪一样轻的谬误倒漂浮在上面到

处泛滥。

《论说文集》

真理也许会有一颗珍珠的价值，能在白昼发出最美的光，但是

它抵不上一颗钻石或红宝石的价值，它们在各种光线下都能闪烁出最美的光。言谈中说个把谎话总能增添些情趣。

《随笔集·论真理》

一切运动或自然的活动都是在时间中进行的；有些较快，有些较慢，但无不依事物性质之规定而有其固定的时刻。即使那些看来是骤然的和（如我们所说）瞬间的活动，在延续方面也是有度可计的。

《新工具》

有一种运动虽然难符于运动之名，但不容争辩也是一种运动，我把它叫作安息运动或恶动运动。如大地块体静立不动，而其端极则动向中心——不是趋于一个假想的中心，而是趋于聚合——就是出于这种运动。又如一切具有相当密度的物体都憎恶运动，亦是出于这种倾向。实在说来，这些物体的唯一倾向就是要求不动。纵有千方百计挑诱它们运动，它们总是尽其所能保持固有的性质；即使被迫动起来，又总像是愿恢复其静止状态而不再动下去；至于在要求恢复静止的努力当中，它们却表现活跃，却以足够的灵敏和迅捷进行争取，好像迫不及待刻不容缓的样子。

《新工具》

一切生物的幼儿在最初之时都不好看，一切的变更亦是如此，变更乃时间之幼儿。

《论变更》

时间总在发生着变化，但其变化是不易察觉的，循序渐进的。

《论变更》

读书·学习

读书是为了获取快乐、增添光彩和增长知识。其获取快乐在于孤独寂寞时；其增添光彩在于高谈阔论之中；其增长学问在于对事务的判断和处理。因为虽然有实际经验的人能完成日常事务，也许还能对个别的事务作出判别，但是宏观事务的统筹策划大部分都是出自学识渊博之人。

《人生论》

读书不是为了空谈，而是为了认识事埋。有些书可供品味，有些书可以吞咽，还有不多的一些书则应当细细咀嚼。

《人生论》

读书会让人充实，讨论能让人机敏，写作会让人精确。所以，一个人如果很少写东西，那么他就必须有特好的记性；如果他很少与人交流，那么他必须有很敏感的头脑；如果他很少读书，那么他必须非常聪明，才可以打肿脸充胖子。

《人生论》

狡诈者轻视学问，愚笨者向往学问，聪明者利用学问，因为学问并不宣传它自身的用途，此利用之道是学问之外、并超越学问之上的一种智慧，只有通过反复体会才能获取。

《人生论》

把精力过多地花费在读书上，是怠惰；把读书过多的用作装门面，是虚伪；完全按读书的规则来做事，则是书呆子。

《人生论》

读史使人明智，读诗使人灵秀，数学使人精细，物理学使人深沉，伦理学使人庄重，逻辑修辞则使人善辩，正如古人所云：学皆成性；不仅如此，连心智上的各种障碍都可以读适当之书而令其开豁。身体之百病皆有相宜的调养运动，如滚球有益于膀胱和肾脏，射箭有益于肺部和胸腔，散步有益于肠胃，骑马有益于大脑等等；与此相似，若有人难聚神思，可令其研习数学，因在演算求证中稍一走神就得重来一遍；若有人不善辨异，可令其读经院哲学，因该派哲学家之条分缕析可令人不胜其烦；而若是有人不善由果溯因之归纳，或不善由因及果之演绎，则可令其阅读律师之案卷；如此心智上之各种毛病皆有特效妙方。

《随笔集》

学问能使天性完善，而经验又能使学问精深。因为天生的才华犹如野生花草，需要用学问加以剪裁，而学问本身需受经验限制，否则它们所作的指导就会流于浮泛。

《人生论》

史鉴使人明智，诗歌使人巧慧，数学使人精细，博物使人深沉，伦理之学使人庄重，逻辑与修辞使人善辩。

《论说文集》

读书使人充实，讨论使人机智，作文使人准确。

《谈读书》

读书不多的人，才需要卖弄聪明，借以炫耀自己比实际更有学问。

《谈读书》

读书在于造成完全的人格。

《谈读书》

读书时不可存心诘难作者，不可尽信书上明言，亦不可只为寻章摘句，而应推敲细思。

《谈读书》

书籍是思想的航船，在时代的波涛中破浪前进。它满载贵重，

的货物，运送给一代又一代。

《谈读书》

知识就是力量，力量就是知识。

《新工具》

知识是一种快乐，而好奇则是知识的萌芽。

《牛津辞典》

培根

人的知识和人的力量这两件东西是结合为一体的；工作的失败都起于对因果关系的无知。

《论人生》

精神上的缺陷没有一种不能由相当的学说来补救的。

《论人生》

真正的知识不是出自他人的权威，更不是来源于对老朽教条的盲目崇拜。

《论人生》

多数知识的秘密是那些平凡而最容易被忽视的人们发现的，而不是享有盛名的人们发现的。

《论人生》

一个人的幸运的造成主要还是在他自己手里。所以诗人说："人人都可以成为自己的幸运的建筑师。"

《论人生》

多诈的人藐视学问，

愚鲁的人羡慕学问，

聪明的人运用学问。

《论人生》

好炫耀的人是明哲之士所轻视的，愚蠢之人所艳羡的，谄佞之徒所奉承的，同时他们也是自己所夸耀的言语的奴隶。

《论说文集》

书籍是科学的成果，但科学不是书籍的成果。

《谈读书》

知识使大自然变得更加具有魅力，经验把知识本身变得更加令人向往。

《论人生》

追求知识不应是为了捞取资本，也不应是为了瞧不起别人，更不是为了个人利益、荣誉、权利以及其他一味追求的目的，而是为了成为有益于生活的人。

《论人生》

诗是学问的一部分，在语言的韵律上大部分是受限制的，但在其他各方面是极端自由的；诗是真实地，由于不为物质法则所局限的想象而产生的，想象可以任意将自然界所分开的东西结合起来，把自然界所结合的东西分开，就这样制造了事物的不合法的结合与分离：……在语言或内容方面，我们对诗有两种看法。第一种看法认为诗只是风格的一种特征，属于修辞学范畴，对现在来说是不恰当的。按上述的后一看法讲，它是学问的重要部分之一，它不是别的，它就是那可用散文或韵文表达的"虚构的历史"。

这种"虚构的历史"的用途曾是在于它在某些方面给予人心一点点满足，在这些方面事物的本性却不能给人这种满足，因为世界是相应地低于灵魂的；"虚构的历史"之所以能予人心的一些满足，就是由于它具有一种比在事物本性中所发现者更为丰富的伟大、更为严格的善良、更为绝对的多样性。因此，正因为真正历史中的行动与事件没有那种满足人心的宏大范围，诗便伪造了一些更伟大、更英勇的行动与事件；正因为真正历史所提出的成功与行动的结局不能那样符合善与恶的真价，于是诗就把它们虚拟得在报应上更为公正，更能符合于上帝的启示；正因为真正历史所表现的行动与事件比较普通，不那么错综复杂，于是诗便授予它们更多的离奇罕见的事物、更多的意外与互不相容的变化：这样看来，诗所给予的是弘远的气度，道德和愉快。因此，诗一向被人认为是参与神明的，因为，由于它能使事物的外貌服从人的愿望，它可以使人提高、使人向上；而理智则使人服从事物的本性。我们看出，由于诗对人性及人的快乐的这些巧妙的逢迎，再加以它具有与音乐的一致与和谐，在不文明的时代与野蛮的地区，别的学问都被拒绝，唯有诗可以进门并得到尊重。

《学术的进展》

（1）人，既然是自然的仆役和解释者，他所能做的和了解的，就是他在事实上或思想上对自然过程所观察到的那么多，也只有那么多；除此以外，他什么都不知道，也什么都不能做。

（2）赤裸裸的手和无依无靠的理智，都是不能有多大能耐的。手需要有工具和帮助，理智也是一样，有了才能做成工作。正如手的工具产生运动或指导运动一样，心的工具向理智提供指点或提供警告。

（3）人的知识和人的力量合而为一，因为只要不知道原因，就不能产生结果。要命令自然就必须服从自然。在思考中作为原因，

就是在行动中当作规则的。

《新工具》

我们不应该像蚂蚁，单只收集；也不可像蜘蛛，只从自己肚中抽丝，而应像蜜蜂，既采集，又整理，这样才能酿出香甜的蜂蜜来。

《论人生》

过于求速是做事上最大的危险之一……不可以做事的时间之多寡为敏捷的标准，而应当以事业进展之程度为标准。

《论人生》

掌握知识不是为了争论不休，不是为了藐视别人，不是为了利益、荣誉、权力或者达到某种目的，而是为了用于生活。

《外国名言一千句》

把学问过于用作装饰是虚假，完全依学问上的规则断事是书生的怪癖。

《外国名言一千句》

奸猾的人轻视学习，单纯的人赞美学习，聪明的人利用学习。

《论学习》

有一些人，他们终生的性格仿佛是可以不断塑造的，因此可以在不断的学习中进步。

《论人生》

我活着为了学习，而学习并不是为了活着。

《致詹姆士一世的信》

由于对事业的无知而无法取得成功，那么知识和人的力量便可以等同。

《新工具》

狡诈者轻鄙学问，愚鲁者羡慕学问，唯聪明者善于运用学问。

《论求知》

当谋士的言辞说不到点子上时，书籍将会一语破的。

《随笔集》

天赋如同自然花木，要用学习来修剪。

《论读书》

读史使人明智，读诗使人灵秀，数学使人严密，物理学使人深刻，伦理学使人庄重，逻辑学、修辞学使人善辩；凡有所学，皆成性格。

《谈读书》

书籍好比圣祠，圣人就在其中，或者说，人们相信是这样的。

《致托马斯·博德利爵士的信》

读书足以怡情，足以博采，足以长才。

《谈读书》

书并不以用处告人，用书之智不在书中，而在书外，全凭观察得之。

《论说文集》

书籍是在时代的波涛中航行的思想之船，它小心翼翼地把珍贵的货物运送给一代又一代。

《谈读书》

培根

人做了书的奴隶，便把活人带死了……把书作为人的工具，则书本上的知识便活了，有了生命力了。

《论说文集》

有些书只要渎他们的一部分就够了，有些书可以全读，但是不必过于细心地读，还有不多的几部书则应当全读，勤读，而且用心地读。

《论学问》

求知可以改进人的天性，而实验又可以改进知识本身，人的天性犹如野生的花草，求知学习好比修剪移栽。实习尝试则可检验修正知识本身的真伪。

《论人生》

精神上的各种缺陷，都可以通过求知来改善——正如身体上的缺陷，可以通过运动来改善一样。

《论人生》

读书给人以乐趣，给人以光彩，给人以才干。

《随笔集》

读书补天然之不足，经验又补读书之不足。

《谈读书》

人的威严蕴藏在知识之中，因此，人有许多君主的金银无法买到、君主的武力不可征服的内在东西。

《人类科学思想》

人类智慧和知识的形象将在书中永存，它们能免遭时间的磨损，并可永远得到翻新。

《学识的增长》

有些书可供一尝，有些书可以吞下，有不多的几部书应当咀嚼消化。

《论说文集》

假如有人从作坊转入图书馆而惊异于所见书籍门类之浩繁，那么只需请他把它们的实质和内容仔细检查一下，他的惊异一定会调转方向。因为，他一经看到那些无尽的重复，一经看到人们老是在说着和做着前人所已经说过和已经做过的东西，他就将不复赞叹书籍的多样性，反要惊异于那直到现在还盘踞并占有人心的一些题目是何等地贫乏。

《新工具》

有些书也可以请求代表去读，并且由别人替我作出节要来；但是这种办法只适于次要的议论和次要的书籍；否则录要的书就和蒸馏水一样，都是无味的东西。阅读使人充实，会谈使人敏捷，写作与笔记使人精确。因此，如果一个人写得很少，那么他就必须有很好的记性；如果他很少与人会谈，那么他就必须有很敏捷的机智；并且假如他读书读得很少的活，那么他就必须有很大的狡黠之才，才可以强不知以为知。

《论学问》

我们不应该像蚂蚁，单只收集；也不可像蜘蛛，只从自己肚中抽丝；而应像蜜蜂，既采集又整理，这样才能酿出香甜的蜂蜜来。

《随笔集》

人类智慧的结晶以及他们的研究成果，皆留存于书中，时光无法消磨它们。它们能够得以再现，并给人以新的感受。

《随笔集》

如果有人不读书又想冒充博学多知，他就必定是一个狡黠的家伙。

《随笔集》

正像人们所明察的那样，修改最多的书，通常是错误百出的书。

《学识的增长》

书籍是横渡时间大海的航船。

《学识的增长》

读书使人的头脑充实，讨论使人明辨是非，做笔记则能使知识精确。

《论求知》

读书不是为了雄辩和驳斥，也不是为了轻信和盲从，而是为了思考和权衡。

《随笔集》

除了知识和学问之外，世上没有任何其他力量能在人的精神和心灵中，在人的思想、想象、见解和信仰中建立起统治和权威。

《学识的增长》

人类理解力一旦得出了一个意见之后（不论是作为已经公认的意见而加以接受或是作为合于己意的意见而加以接受），便会强使一切其他事物来支持和肯定。纵然在另一方面可以找到更多和更重要的事例，他们不是去观察而是蔑视，或是借一点什么区别把它们排斥和拒斥。他们总是坚持着强烈和有害的偏见，而不愿牺牲第一个结论的权威。

《新工具》

应当建立一条规则就好了，使知识的所有分割都被看作是线条或血脉，不要看成是条块和隔裂，使得知识的延续性和整体性被保存。否则，就会使具体的各门科学变得枯燥、空泛以及悖谬丛生，因为它们不能得到共同源泉的滋润和扶持。

《学术的进展》

对上帝的造物和工作的沉思（当涉及工作和造物本身时）产生了知识；但涉及上帝本身时，却没有完满的知识，只有知识破灭后的惊异。

《学术的进展》

知识的戒律仍然高于意志的戒律，因为它是对人类理性、信念和理解力的戒律；而这些都是心灵的最高级部分，并且赋予意志本身以法令。除了知识和学问外，没有任何东西能在人的灵魂和精神中，在他们的认知、想象、观点和信仰中，建立起至高无上的王位统治。

《学术的进展》

精美良好的知识本质，也可以腐烂粉碎，分化成微妙、无聊、不洁，或者可以说如虫子般蠕动的零碎问题，看来虽然活动而有生气，究竟缺乏着精制美材。这种堕落的学问，多半在经院哲学之间笼罩过一个时期。他们那种人，具有敏锐的机智，充分的闲暇，但是因为读书的范围非常狭窄，而且都不具有历史和自然的知识，所以单凭着一些不足为据的小材料和高度的智慧活动，组成那些繁重的学问网子，就如在他们的书籍中所表现的那样。因为不但他们身居在僧寺的高墙大院之中，而且他们的智慧也完全锁闭在几个作者的洞窟之内，亚里士多德就是他们的太上执政者。所以他们这种徒逞空论，也是当然的结果。因为人们的心智，在思维上帝造物时，那只限于所遇的物象，但是如果反观自照，就如蜘蛛结网似的，可以不断吐出丝条，结成学问之密网，不过仿造之功虽然精美绝伦，终是空空洞洞，毫无实际内容，毫无什么用处。

《学术的进展》

另一错误出自对人的理解力和心灵的过多的尊重和赞颂。由此方式，人就使自身太远离对自然的沉思和经验的观察，蹒跚于自己本身的理性和自负中。对这些竟被公认为是崇高和神圣的哲学家的学人，赫拉克利特斥责道："人们在其自身的小天地中，而不是在一个宏大和共同的天地中寻求知识。"

《学术的进展》

由于我们把自然哲学一般地分为探究原因和产生效果两个部分，那么，按照对原因公认的和合理的划分，我们可以把有关原因的这一部再细分一下。在这部分中，有一部分是探究和处理质料因和动力因方面的问题的，它属于物理学；另一部分是处理形质因和终极因的，它属于形而上学。

《学术的进展》

对终极因的探讨，与物理学的其他探讨混乱在一起，阻碍了对所有实在的和物理的原因所进行的严肃而勤奋的探讨，并且使人有理由在那些称心的和貌以合理的原因上止步不前，从而对进一步的发现产生了极大的扼制和歧视。

《学术的进展》

认为"真正的知识是根据原因得到的知识",这是一种正确的看法;而把原因分为以下四种也并无不当:质料因、形式因、动力因和终极因。但是在这些原因中,目的因,除了涉及人的行动的那些之外,并不能推进科学,却能足以破坏科学。形式因的发现也是令人失望的。动力因和质料因(正像一般所研究和接受的那样,把它们作为遥远原因而不涉及导致形式的潜伏过程)只是轻微的、表面的,并且如果对于真正积极的科学有点什么贡献的话,这种贡献也是微不足道的。

《新工具》

直到目前,对我们经验的基础(我们唯一的源泉),我们不是完全没有根据,就是只有非常微薄的根据。还不曾有人去搜索和收集一批能够给心灵带来信息和满足的个别事实。相反,那些有学问然而同时又是轻浮和懒惰的人们,在建立或证实他们的哲学时,却采用了某些无稽的谣传,像梦幻一样的传统,并立即赋予它们以合法的地位。现在的哲学中正追求着的与经验相联系的体系的方式,就像一个国家的决策不依大使和可信的信使的书札报告为凭，却以小道消息和街上的说客为据一样。现在在自然历史中找不到一个事物是合理地研究过，证明过，算过，衡过或量过。当然，凡在观察中是粗疏模糊的东西在教授时就一定是欺人和不确定的东西。有人或许认为我的话很奇怪，而且是近乎不公平的指责，因为他们把亚里士多德看成是如此伟大的君主并且提供了像一个君主那样多的财富的支助，他已经建了完备的动物史，后人又以默默无言的辛勤劳动作出许多补充，有人还对金属、植物以及化石作了丰富博大的历史记载。如果有人这样看，他似乎没有真正领悟到我们当下的用意。因为，作为自然史而建立起的自然史，与作为哲学的基础而为心灵提供材料的自然史，是两类不同的东西。二者之间有许多不同，然主要在于：前者仅仅包含着各式各样的自然属类，而未经过机械性技术的试验；因为就像在日常生活中那样，人的性情以及内心和情感的隐秘活动遇到麻烦之时，才是它们表露之时，同理，自然方面的秘密就更是在技术的扰动之下比在其自然状态下更易泄露。因此，当我们具有更好的具有真正基础和支撑的自然历史的纂集后，我们才会有建立自然哲学的希望。

培根

《新工具》

我对于听过一遍便能将很多名字和词汇回忆出来，不经准备就

可以出口成诗，对任何事物都能作出滑稽的比喻，对一切都冷嘲热

讽，以无理的诡辩指一切事物为虚有或与之对立，以及其他与此类

似的事（这些本来在心智能力中就占有相当大的比重，并且可以通

过设计和练习将之抬到令人惊异的极端程度）并不比角斗、走单索、

舞蹈一类雕虫小技更为看重，这里面一方是精神的，一方是身体的，

两者都同样是奇异而无价值的东西。

《学术的进展》

道德·情操

　　世人历来注意到，所有情感中最令人神魂颠倒者莫过于爱情和嫉妒。这两种感情都会激起强烈的欲望，而且均可迅速转化成联想和幻觉，容易钻进世人的眼睛，尤其容易降到被爱被妒者身上；这些便是导致蛊惑的要点，如果世间真有蛊惑的话……当嫉妒行为发生时，嫉妒者会眼红或曰红眼。而且有人更为明察秋毫，竟注意到红眼最伤人之际莫过于被嫉妒者正踌躇满志或春风得意之时，因为那种得意劲儿会使妒火燃得更旺。另外在这种时候，被嫉妒者的情绪最溢于言表，因此最容易遭受打击。

　　　　　　　　　　　　　　　　　　　　　　《随笔集》

　　自身无德者常嫉妒他人之德，因为人心的滋养要么是自身之善，

要么是他人之恶，而缺乏自身之善者必然要摄取他人之恶，于是凡

无望达到他人之德行境地者便会极力贬低他人以求得平衡。

《随笔集》

好管闲事且好探隐私者通常都好嫉妒，因为劳神费力地去打探

别人的事情绝非是由于那些事与打探者的利害有关，所以其原因必

定是打探者在旁观他人祸福时能获得一种观剧般的乐趣。而一心只

管自家事的人无甚嫉妒的由来，因为嫉妒是一种爱游荡的感情，它

总在街头闲逛，不肯待在家里，所以古人说"好管闲事者必定没安

好心"。

《随笔集》

嫉妒亦是最卑劣最堕落的一种感情，因此它是魔鬼的固有属性，

魔鬼就是那个趁黑夜在麦田里撒稗种的嫉妒者；而就像一直所发生

的那样，嫉妒也总是在暗中施展诡计，偷偷损害像麦黍之类的天下

良物。

《随笔集》

谦让与谦虚，只要把握得体，都无非是炫耀之术。在这些炫耀之术中，没有比小普林尼的言论更好的了：大力炫耀别人的优点，而这个优点也是你所具有的，你既是夸奖别人，又是夸奖自己。如果你比他强，那么他既然值得称赞，你当然更加值得称赞了；如果他比你强，那么假如他不值得赞扬，你就更不值得赞扬了。

《人生论》

苏格拉底、亚里士多德、盖伦都是富有炫耀之心的人。炫耀有助于一个人，德行本身绝对没有利用德行的手段更能获得荣誉。西塞罗、塞内加、小普林尼的事业若非与他们自身相连也难经久如新，这种炫耀之心就如同天花板上的油漆一般，它使天花板不仅光亮照人而且经久明亮。

《人生论》

但说到底，自夸自赏的人受明哲之士所轻蔑，愚笨之人所艳羡，卑微之徒所奉承，同时他们也是自己的炫耀之心支配的奴隶。

《人生论》

　　赞誉乃德行之反映，但它亦是令人反思的镜鉴。倘若赞誉来自庸众，那它往往都是毫无价值的谬奖，而且通常只追随贪图虚荣者，而非德高品正者，因为平庸之人每每不知流光厚德为何物。薄德令他们叹赏，私德令他们惊羡，但对真正的大德伟德他们却浑然不识，唯有虚饰炫耀的假德行才最对他们的胃口。不可否认，庸众的口碑就像一条只漂虚名浮誉而不载厚重德望的河川。但倘若异口同声地赞赏来自有识之士，那就如《圣经》所言，美名犹如香膏，这种美名可远扬四方并久久不散，因为香膏之芳泽比鲜花之芬菲更能持久。

《随笔集》

　　歌功颂德有如此多不实之处，以致世人可理直气壮地对其加以怀疑。有些称颂褒扬已纯粹是为了阿谀奉承。如果谄媚者稍欠火候，他会做出一堆通用的高帽子，见谁都可以戴上一顶。如果献媚者有几分心计，他就会将心比心地揣摩自己欲攀附的贵人之心理，然后对其最自鸣得意之处大加吹捧。但如果那狐媚者是个厚颜无耻之徒，他便会找出一个人自己最感难堪的缺陷，然后硬把那缺陷说成优点，叫那被吹捧者也不得不鄙视自己的感觉。

《随笔集》

有些赞誉是出于良好的愿望和敬意，此乃对君王和要人们应有的一种礼貌；这种赞誉可谓"以赞为训"，因为赞誉者所颂扬之处正是他们希望君王和要人们能做到的地方。有些赞誉就像裹上糖衣的毒箭，实际上是要为被赞誉者招为妒忌，这真可谓最可怕的敌人就是当面说好话的敌人；不过希腊人有这样一句格言："口蜜腹剑的赞美者将鼻梁生疮。"这就像我们英语中说撒谎者舌尖会起疮一样。毋庸置疑，有益的赞誉应适度，适时，并不流于庸俗。

《随笔集》

所罗门曰："早起而对朋友大加赞美，那不啻是对朋友大加诅咒。"对人对事的赞扬过分夸张只会招人反感，并且会招来嫉妒和嘲笑。除个别情况之外，自吹自擂不可能显得合宜得体；但一个人若是赞美自己的工作或使命，他便可以显得非常体面，甚至显出一种

培根

崇高。

《随笔集》

圣保罗在夸耀时屡屡说"恕我妄言",但当他言及其工作时却说"我要赞美我的使命"。

《随笔集》

人之天性越是爱讨这种公道,法律就越是应该将其铲除;因为首先犯罪者只是触犯了法律,而对该罪犯以牙还牙则使法律失去了效用。无可否认,若一个人对其仇敌施加报复,那他与被报复者不过是半斤八两;而若是他不念旧恶,宽大为怀,那他就比对手高出一等,因高抬贵手乃贵人之举。笔者确信,所罗门曾言:宽恕他人之过失乃宽恕者之荣耀。过去的已经过去,且一去不返,而聪明人总是努力着眼于现在和将来的事情,所以对过去耿耿于怀者无非是在捉弄自己罢了。

《随笔集》

世上没有人乐意以身试罪，大抵是为了攸关自己的利益、乐趣、荣誉或诸如此类的事情。那么，为什么要因为某人的过于自爱而痛苦？并且，即使真因本性不良而作恶，那也不过像荆棘刺人一样无可厚非，因为它们只能如此。

《人生论》

有些人在复仇时，乐意让对手知道复仇来自何方，这让人赞赏。因为复仇的意义不在于使对方受苦，而在于使对方悔过。但有些卑鄙而狡诈的懦夫就像黑暗中的箭矢，让人搞不清箭自何来。

《人生论》

公仇的报复多半结局完好。例如，为恺撒复仇，为珀蒂纳克斯复仇……而私仇的报复以不幸居多。不啻不幸，衔怨复仇者还如同妖巫，活着，对他人不利；死了，对自己不幸。

《人生论》

美德好比宝石，它在朴素背景的衬托下反而更华丽。

《论美》

德如名香，碎之益烈。

《论说文集》

经得起各种诱惑和烦恼的考验，才算达到了最完美的心灵健康。

《学术的促进》

如果在自然的普遍结构中处于中间位置，那么，人所居住的地球不过是一个蚁冢，有些蚂蚁运送谷物，有些抚养幼蚁，有的无所事事，大家在小土堆上来来去去。

《学术的进展》

上帝绝不把财富、荣誉和才能对人人平均分配；一般的福利应该人人均沾，而特殊的荣耀就必须有所选择。

《论人生》

自重是第二信仰，是约束万恶之本。

《新大西岛》

丰功伟绩都是从点点滴滴做起的。

《随笔集·论礼貌》

美德有如名香，经燃烧或压榨而其香愈烈，盖幸运最能显露恶德而厄运最能显露美德也。

《论说文集》

奇迹多是在厄运中出现的。

《论说文集》

一切真正伟大的人物（无论是古人、今人，只要是其英名永铭于人类记忆中的），没有一个是因为爱情而发狂的人，因为，伟大的事业抑制了这种软弱的感情。

《论说文集》

培根

人们的举止应当像他们的衣服，不可太紧或过于讲究，应当宽舒一点，以便于工作和运动。

《论说文集》

和蔼可亲的态度是永远的介绍信。

《论说文集》

好的运气令人羡慕，而战胜厄运则更令人惊叹。

《论厄运》

一位君主，当他主持会议的时候，应当注意，不可在他的言辞中过于泄露自己的意向；否则那些议事官就要看他的风转舵，不拿自由自主的意见给他，而要给他唱一曲"吾将喻，院我主"的歌了。

《论谏议》

嫉妒是来自以我与别人的比较，如果没有比较，就没有嫉妒。

《论嫉妒》

当一个人自身缺乏某种美德的时候，他就一定要贬低别人的这种美德，以求实现两者的平衡。

《论嫉妒》

在人性中既有天然向善的倾向，也有天然向恶的倾向。那种虚荣、急躁、固执的性格还不是最坏的，最恶的乃是嫉妒以至祸害他人。

《论善》

嫉妒心是荣誉的害虫。

《论荣华与名誉》

没有什么能比爱与妒更具有持久的消耗力。

《论嫉妒》

没有德行的人，总是嫉妒别人的德行。

《论嫉妒》

那自己停留在某种地位而目睹他人上升的人是难免嫉妒之念的。

《论贵族》

有人很善于结党钻营，可是真做起来却身无一技。

《论狡猾》

过多的猜疑是一种政治上的狂妄。

《科学推进论》

一切大大小小的谄媚者的聪明之处，就在于他们会利用人的自私心理。

《论爱情》

只知自爱却不知爱人的人，最终总是没有好结局的。

《论自私》

作恶都无非是为了利己自私罢了。

《论报复》

嫉妒是一种四处游荡的情欲，能享有他的只能是闲人。

《论嫉妒》

自私者的那种小聪明，应该说是一种卑劣的聪明。

《论自私》

在人类的一切情欲中，嫉妒之情恐怕要算作最顽强、最持久了。

所以古人说过："嫉妒心是不知道休息的。"

《论嫉妒》

盲目的勇气是不能信赖的，它总是在不知其后果可怕者那里最

强，而后就要消失了。

《论人生》

对于有勇无谋的人，只能让他们做帮手，而绝不能当领袖。

《论人生》

没有比害怕本身更可害怕的了。

《随笔集》

人的天性虽然是隐而不露的，但却很难被压抑，更很少能完全根绝。即使勉强施以压抑，只会使它在压力消除后更加猛烈。

《论人生》

在私生活中，人的天性是最容易显露的。因为那时人最不必掩饰。在一时激动的情况下，也易于显露天性，因为激动使人忘记了自制。

《论人生》

天性好比种子，它既能长成香花，也可能长成毒草，所以人应

当时时检查，以培养前者而拔除后者。

《论人生》

轻信别人的人也即骗子。

《学识的增长》

虚伪的人为智者所轻蔑，愚者所叹服，阿谀者所崇拜，而为自

己的虚荣所奴役。

《论人生》

人的举止应该像他们的衣服，不要太窄或设计太特异，必须不

拘束或妨碍行动。

《论人生》

"忍"字当头，就可征服一切命运。

《学识的增长》

跛足而不迷路的人，能赶过虽健步如飞但却误入歧途的人。

《随笔集》

一个人越啜饮世故的烈酒，就越沉醉于世故之中。

《青春与暮年》

毫无理想而又优柔寡断是一种可悲的心理。

《随笔集》

过于求速是做事上最大的危险之一。

《论说文集》

世上最令人可畏的就是畏惧本身。

《科学推进论》

瓜是长在纯粹肥料里的最甜，天才是长在恶性土壤中的最好。

《随笔集》

真正的信仰是建立在岩石上的，而其他的一切都颠簸在时间的波浪上。

《论事物之盛衰》

野心有如胆汁，它是一种令人积极、认真、敏捷、好动的体液——假如它不受到阻止的话，但是倘若它受到阻止，不能自由发展的时候，它就要变为焦躁，从而成为恶毒的了。类此，有野心的人，如果他们觉得升迁有路，并且自己常在前进的话，他们与其说是危险，不如说是忙碌的；但是如果他们的欲望受到阻挠，他们就会变为心怀怨愤，看人看事都用一副凶眼。

《论野心》

无疑，居高位的人们要借他人的意见才能以为自己是幸福的；因为若是他们依着自己的感觉来判断，他们不会发现自己是幸福的。但是假如他们自己想一想别人对他们做何感想，并且想到别的人如何愿意做他们，那么他们就好像是由外面的谈论而快乐了，同时在内心中也许正相反。

《论高位》

假如一个人去办一件事，而这件事如果成功的时候他所得到的名誉，远不如失败的时候他所受到的耻辱的话，那么这个人不是自己荣誉的好丈夫。

《论荣誉和声望》

至于我的方法，做起来虽然困难，说明却很容易。它是这样的：我提议建立一列通到准确性的循序升进的阶梯。感官的验证，在某种校正过程的帮助和防护之下，我是要保证使用的。至于那继感官而起的心灵动作，大部分我都加以排斥；我要直接以简单的感官知觉为起点，另外开拓一条准确的通路，让心灵循以行进。这一点的必要性显然早被那些重视逻辑的人们所感到：他们之重视逻辑就表明他们是在为理解力寻求帮助，就表明他们对于心灵的那种自然的和自发的过程没有信心。但是，当心灵经过日常生活中的交接和行事已被一些不健全的学术所占据，已被一些虚妄的幻象所围困的时候，这个药方就嫌来得太迟，不能有所补救了。因此，逻辑一术，既是（如我所说）来救已晚，既是已经无法把事情改正，就不但没有发现真理的效果，反而把一些错误固定起来。现在我们要想恢复一种健全和健康的情况，只剩有一条途径——这就是，把理解力的全部动作另作一番开始。

《新工具》

人类理解力依其本性容易倾向于把世界中的秩序性和规则性设想得比所见到的多一些。

《新工具》

人类在堕落的同时就失去了他们的天真状态和对自然万物的统治权。但是这两个损失甚至在此生中也是能够得到某种部分的补救：前者靠宗教和信仰，后者则靠技术和科学。

《新工具》

人的心灵远不具有一面光滑的镜子所具有的性质，即使事物的真实状况反射到镜中；实际上人心很像一面魔镜，满是疑虑和欺瞒，除非人心得到帮助和转变。

《学术的进展》

涉及哲学和科学方面，不同的人心之间有着一个主要的也可说是根本的区别，这就是：有的心较强于和较适于察见事物的相异之点，有的心则较强于和较适于察见事物的相似之点。大凡沉稳的和锐利的心能够固定其思辨而贯注和紧盯在一些最精微的区别上面；而高昂的和散远的心则善能见到最精纯的和最普通的相似之点，并把它们合拢在一起。但这两种心都容易因过渡而发生错误：一则求异而急切间误攫等差，一则求似而急切间徒捉空影。

《新工具》

饶舌的人多虚妄。

《随笔集》

　　知识和学习的快乐和欣喜在本质上远远胜过其他所有的快乐。情感上的快乐胜过感官的快乐，就像欲望或胜利的实现超过听一首歌或吃一顿美味那样吗？那么，在重要方面，理智上的或理解中的快乐一定不会胜过情感上的快乐吗？我们看到，在其他所有快乐中，有一种厌腻感，并且在它们被享用后，它们的新鲜感就会过去；这种情况很好地说明，它们只是虚假的快乐，根本不是快乐，也就是说，是它们的新奇性，而不是它们的本质给人带来快乐。

《学术的进展》

　　感官的愚弄正是感官的一种快乐。

《学术的进展》

　　嫉妒使人一刻不闲。别无他物，只有死亡能够使嫉妒和德行重新言好。

《学术的进展》

　　变态了的人、宦官、老人和恶棍们是好嫉妒的。他们在不能改

95

善自己境遇时，就要做自己能做的事，这就是损害他人的境遇。

《论嫉妒》

寻求彻底熄灭怒火，这只是斯多葛派哲学家的勇敢。

《论愤怒》

灰心生失望，失望生动摇，动摇生失败。

《人生论》

在刺绣工艺之中，我们经常可以看到，在灰暗的底子上安排一种明快的花样比在明亮的底子上安排一种灰暗的花色更夺人眼目。眼睛如此，心灵更可想而知。

《人生论》

习惯在人的精神和肉体两方面的力量，例子可以举出很多来。所以，既然习惯是人生的主宰，人们就应当努力求得好的习惯。习惯如果是在幼年就养成的，那就是最完美的习惯，这是一定的，这

个我们叫作教育。教育其实是一种从早年就开始的习惯。所以我们

常见，在言语上，幼年时代比幼年以后舌头较为灵活，能学一切的

语言及声音，并且四肢关节也比较柔活，适于各种的竞技和运动。

因为年长方学的人不能像从小就学起的人能屈伸如意，这是真的；

除非在有些从未固定自己的心志，反而把心志开放着，并准备好了

接受不断的改良的人们，那算是例外，但这种情形是非常之少的。

《论习惯与教育》

人们的思想多是依从着他们的愿望的，他们的谈论和言语多是

依从着他们的学问和从外面得来的见解的；但是他们的行为却是随

着他们平日的习惯的。所以马基亚维利说得很好，天性的力量和言

语的动人，若无习惯的增援，都是不可靠的。

《论习惯与教育》

顺境的美德是节制，逆境的美德是坚忍，这后一种是较为伟大

的德性。

《论说文集》

金钱是善仆，也是恶主。

《论说文集》

我的方法和那些怀疑论者的方法在某些方面有共同的出发点，但这两个学说所得出的结论却截然不同，完全对立。主张怀疑论的人只是简单地断言，一切事物都是不可认识的；我们也指出，借用目前的方法，只能知道自然中的极小部分。怀疑论的下一步是根本抛弃感官和理解力的权威；而我们则竭力为它们提供帮助。

《新工具》

由争论而建立起来的公理，不会有助于去发现新的成果。这是因为自然的精微奥妙远较争论的精微奥妙高超。

《新工具》

一般人所以觉得学问同智慧之间没有很大的关联，而且他们把这个意见分别表示成格言，这是因为缺少这门学问的缘故。至于对我们已经为社会生活所立的三种智慧，在行为方面的智慧，大部分学者是加以鄙弃的，以为它是逊于德行的，而且以为它是沉思的大敌；至于政治方面的智慧，在必要的时候也能给以适当的评议，但这只是少数人能够如此；至于事务方面的智慧，关系于日常生活，但是在这方面并没有完整的书籍，仅有的几条零碎的教条，也都不能同这个大题目相称。以我看来，在这方面如果也像别的方面一样，能有完整的书籍，那么学者们只凭些小小的经验，就可以越过那些只有经验而没有学术的人，就会操人之戈，入人之室。

《学术的进展》

母爱是多么强烈、自私、狂热地占据我们整个心灵的感情啊！但我并不认为它是十分值得钦佩的，要是能爱所有的要命令自然，就要服从自然。

《随笔集》

没有一种罪恶比虚伪和背义更可耻了。

《论真理》

语言行事无论怎样有把握，还是要留下一点进退的余地。

《论勇气》

孤陋寡闻者往往具有疑虑重重的特点。

《随笔集》

人的美德犹如名贵的香料，当它们一经燃烧，便能散发浓香；

因为顺境最能让邪恶得以显露，逆境最能让美德得到展览。

《人生论》

毫无理想而又优柔寡断是一种可悲的心理。

《牛津辞典》

有一种荣誉……堪称罕见的最高荣誉，即：为祖国的利益不怕

危险、不惜捐躯。

《论荣誉》

美德有如名香，经燃烧或压榨而其香愈烈，所以幸运最能显露恶德而厄运最能显露美德。

《论说文集》

跛足而不迷路能赶上虽健步如飞但误入歧途的人。

《论说文集》

人应当把利己之心与利人之心理智地分清。在为自己谋利益时，不要损害他人，更不能损害君王和国家。

《论自私》

人不能像地球一样，把自己的利益定作绕以旋转的轴心。

《论自私》

美德好比宝石，它在朴素背景的衬托下反而更华丽。同样，一个打扮并不华贵却端庄严肃而有美德的人是令人肃然起敬的。

101

《论人生》

如果有一个有良好道德风气的社会环境，是最有利于培养好的
社会公民的。

《论人生》

人的智慧就像一面凹凸不平的镜子，它把自己的本性掺杂在事
物的本性中，所以它反映的事物是歪曲的、畸形的。

《新工具》

对一个人的评价，不可视其财富出身，更不可视其学问的高下，
而是要看他的真实的品格。

《随笔集》

一切幸运都并非没有烦恼，而一切厄运也绝非没有希望。

《论厄运》

人们都愿意相信那些自己认为是真实的东西。

《格言集》

无论是谁，假如丧失忍耐，也就将丧失灵魂。人千万不可像蜜蜂那样，"把整个生命拼在对敌手的一螫中"。

《论人生》

在脑子里一闪而过的谎言并不伤人，伤人的是那些发自心底的谎言。

《论真理》

点着别人的房子煮自己的一个鸡蛋，这正是极端自私者的本性。

《论自私》

坐享其成者，却很少能成大业。

《论家庭》

猜疑之心犹如蝙蝠，它总是在黄昏中起飞。

《论猜疑》

惹人厌倦的人是自轻自贱。

《论礼节与仪容》

一个人如果能在心中充满对人类的博爱，行为遵循崇高的道德律，永远围绕着真理的枢轴而转动，那么他虽在人间也就等于生活在天堂中了。

《论真理》

作伪与掩饰剥夺一个人做事的主要工具——信与任。

《论作伪与掩饰》

作伪的习惯是一种恶德。

《论作伪与掩饰》

嫉妒是一种软弱的傲慢，应该受到鄙视。

《迷宫雾霭》

真正的敏捷是一件很有价值的事。因为时间是衡量事业的标准，

一如金钱是衡量货物的标准。

《论说文集》

青年可以从老年身上学到他们所不具有的经验。

《随笔集》

有经验的老人做事叫人放心，而青年人的干劲则鼓舞人心。如

果说，老人的经验是可贵的，那么青年人的纯真则是崇高的。

《随笔集》

青年人敏锐果敢，但行事轻率却可能破坏大局。

《随笔集》

培根

青年长于创造而短于思考。长于猛干而短于讨论，长于革新而短于守成。

《随笔集》

一般说来，青年人富于"直觉"，而老年人则长于"深思"。这两者在深刻和正确性上是有显著差别的。

《随笔集》

培根

合理安排时间，就等于节约时间。

《牛津辞典》

时间是不可占有的公共财产，随着时间的推移，真理愈益显露。

《牛津辞典》

时间乃是最大的革新家。

《论说文集》

时间是衡量事业的标准……

《论说文集》

在一切有困难的交涉中，不可希冀一边下种一边收割。

《论说文集》

如果一个人从肯定开始，必以疑问告终。如果他准备从疑问着手，则会以肯定结果。

《成功者的奥秘》

培

根

天生的才能就像自然生长的树一样，需要用学问来整修。

《随笔集》

在人生事业上，真正的能干者也并非那种急于求成的人。

《论敏捷》

即使那些行为并不坦白正直的人也会承认坦白正直地待人是人

性的光荣，而真假相混则有如金银币中杂以合金一样，也许可以使金银用起来方便一点，但是把它们的品质却弄贱了。因为这些曲曲折折的行为可说是蛇走路的方法，蛇是不用脚而是很卑贱的用肚子走路的。没有一件恶德能和被人发现是虚伪欺诈一般使人蒙羞的。

《论真理》

无疑地，从来最有能力的人都是有坦白直爽的行为，信实不欺的名誉的；可是他们是像训练得很好的马一样，因为他们极能懂得何时当止，何时当转，并且在他们以为某事真需要掩饰的时候，如果他们果然掩饰了，以往流传各处的关于他们的信实和正直坦白的见解也使他们差不多不至为人所怀疑的。

《论作伪与掩饰》

有的知识只须浅尝，有的知识只要粗知，只有少数专门知识需要深入钻研，仔细揣摩。

《论求知》

求知可以改进人的天性，而实验又可以改进知识本身。

《论求知》

求知的目的不是为了吹嘘炫耀，而应该是为了寻找真理，启迪智慧。

《论求知》

说话谨慎胜于滔滔雄辩。

《论演说》

多言饶舌之人多虚妄而且轻信。

《论作伪与掩饰》

读史使人明智，读诗使人智慧，演算使人精密，哲理使人深刻，伦理学使人有修养，逻辑修辞使人善辩。总之，"知识能塑造人的性格"。

《论求知》

真正的知识是根据原因得到的知识。

《新工具》

知识本身并没有告诉人怎样运用它，运用的方法乃在书本之外。

《论求知》

培

根

乱插话者，甚至比发言冗长者更令人生厌。

《论敏捷》

伤及他人的话应当少说。

《论辞令》

关于自己的话应该少说，而且应当谨慎择言。

《论辞令》

慎言胜于雄辩。

《论辞令》

模棱两可，含糊其词的话，是不能持久的。

《论作伪与掩饰》

人们喜欢带着极端的偏见在不着边际的自由中使自己得到满足，这就是他们的思想本质。

《学识的增长》

培

根

谁在夺取了胜利之后又征服自己，谁就赢得了两次征战。

《理性主义的外饰》

虚荣的人为智者所轻蔑，愚者所叹服，阿谀者所崇拜，而为自己的虚荣所奴役。

《随笔集》

惯于作假其实只是一种因软弱和不动脑筋而促成的狡猾，并不是高超的策略。

《学识的增长》

只见汪洋时就以为没有陆地的人，不过是拙劣的探索者。

《随笔集》

谁对待路人能像对待家宾那样彬彬有礼，谁就是世界公民。

《论善》

怙恶不悛的人，不如半善半恶的人，更容易败坏风俗。

《学术的进展》

人们常见，道德生长时期，艺术是在武功方面发展的；道德成

熟时期，艺术是在文艺方面发展的；道德堕落时期，艺术是在肉欲

方面发展的。

《学术的进展》

很美的人们多半不见得在别的方面有什么大的才德；好像造物在它的工作中但求无过，不求十分的优越似的。因此，那些很美的人们多是容颜可观而无大志的；他们所研求的也多半是容止而不是才德。

《说美》

假如美落在人身上落的得当的话，它是使美德更为光辉，而恶德更加赧颜的。

《论说文集》

才德有如宝石，最好是用素净的东西镶嵌。无疑地，才德如果是在一个容貌虽不姣丽，然而形体娴雅，气概庄严的身体内，那是最好的。

《说美》

哪里有名誉，哪里几乎一切都是顺理成章的；哪里没有名誉，哪里就不得不用繁文缛节和阿谀奉承来加以弥补。

《学识的增长》

一个打扮并不华贵却端庄严肃而有美德的人是令人肃然起敬的。

《论人生》

人在身强力壮的青少年时代所养成的不良嗜欲，将来到了晚年是要一并结算总账的。

《论人生》

习惯真是一种顽强而巨大的力量。它可以主宰人生。因此，人自幼就应该通过完美的教育，去建立一种好的习惯。

《论人生》

冒险常常带来乐趣。

《随笔集》

几乎一切都难以战胜习惯，以至一个人尽可以诅咒、发誓、夸口、保证——到头来都还是难以改变一种习惯。

《随笔集》

寻求快乐，莫过于做你所应该做的事。

《随笔集》

一切生物都能通过生殖留下后代，但只有人类能通过后代留下美名、事业和德行。

《论家庭》

伊索有则寓言讲得甚妙，停落在大车轮轴上的苍蝇说："看我把尘土扬得多高！"世上亦有这么一些爱虚荣的人，无论何事有进展，也不管这进展是由能力更强者在推动，只要此事与他们挨得上边，他们便以为其进展全凭他们的力量。好虚荣者必好派系之争，因为自我夸耀须借助比短论长。好自夸者都必然言辞激烈，以证明他们的吹嘘事实。而好吹嘘的人必然不能保密，故他们往往成事不足，败事有余。这种人正好应了一句法国格言——大吹大擂者做得最少。

《随笔集》

但是说了这么多，我用"炫耀"这个词的时候，却并非说塔西佗归于穆西阿努斯的那种性质："他能老练地修饰自己的一言一行。"因为这种性质并非出自炫耀心所致，而是出白天生的审慎，并且这些性质在有些人那里显得优雅迷人。

《人生论》

在将帅与士兵之中，虚荣心是不可缺少的东西。因为如同铁块相互磨砺，人们的勇气是靠荣誉感而相互磨砺的。在冒险的大事业中，要有一些天性好炫耀的人可以使人注入活力，而那些天性厚重冷静的人则相反。

《人生论》

在学问和名誉方面，若没有一些虚的羽毛，则这种名声的飞腾是很难的。就连写《蔑视虚荣》的作者也让自己的名字出现在书的扉页上。

《人生论》

荣誉之获得不过是个人之美德和价值未遭毁损而得以昭然。须知有些人的全部所为就是为了追逐名誉，结果他们常常被公众挂在嘴边，但却很少赢得人们的真心崇敬。在另一方面，有些人在展示其美德时总是有所遮掩，所以舆论往往都低估了他们的价值。若有人能成就一项从未被人尝试过、或尝试过但未成功、或成功了却不甚圆满的事业，那与完成一项虽更为艰巨或高尚但已有人曾圆满完成的业绩相比，前者应获得更高的荣誉。若有人行事讲究中庸，结果他的某项中庸之举使各党派、政派、教派、学派都感到满意，那为他唱出的赞歌就会更加圆润。如果一个人在着手行事时不善珍惜自己的名声，那失败对他名誉的毁损将远远多于成功为他们带来的荣誉。

《随笔集》

因战胜他人而获得的荣誉最为光彩夺目，犹如经过琢磨的钻石，所以应力争战胜任何有声望的竞争对手，如果可能，最好在他们擅长的方面胜过他们。谨言慎行的门客和家仆能极大地助长主人的名声，毕竟"主人的名声出自仆人之口"。

嫉妒是荣誉的天敌，所以必须消除他人对自己的嫉妒之心。

《随笔集》

愤怒乃人之常情，但必须在程度上有所节制，在时间上有所限制。以下笔者将首先讨论如何克服易怒这种性格倾向和习惯；其次谈谈如何抑制发怒这种特殊行为，或如何使这种行为不造成严重危害；最后再说说怎样使他人动怒或息怒。

《随笔集》

要克服动辄发怒的倾向和习惯，唯一的办法就是对发怒的后果进行认真的反思，想想它是怎样搅乱你的生活。反思的时间最好是在一阵怒气完全平息之后。塞内加说得不错："怒气就像倾塌的房屋，它在其倒下的地方留下一片废墟。"《圣经》亦规劝世人"要保持冷静，耐心等待"。谁要失去耐心，谁就会失去理智。而人不可学蜜蜂，"为了那愤怒的一螫而断送自己的生命"。愤怒无疑是一种可鄙的感情，因为它最常出现在其容易支配的妇孺病残和老人们软弱的时候。不过常人须注意，若万一被人激怒，应对冒犯者表示出鄙夷，而不应该表现出畏惧，不然你所受到的伤害就可能显得比实际上更重。这一点不难办到，只要你肯把上述提醒作为自己的规则。

《随笔集》

说到如何抑制愤怒，须知发怒主要有三方面的原因。一是对伤害过于敏感。凡动怒者无不觉得自己受到了伤害，所以感情脆弱者必然经常动怒，他们总会遇上那么多令人恼怒的事，而这些事对性格坚强者则无甚影响。第二个原因是受伤害者认为对他施加的伤害及其所处的环境使他蒙受了耻辱，而羞辱和伤害一样可使人怒火中烧，甚至比伤害本身更能使人上火。所以敏于发现自己受轻辱的人常常动怒。第三个原因是舆论侵害了某人的名誉，而这最能使人怒不可遏。抑制这种怒气的办法只有一种，那就是贡萨洛当年常说的"为名誉建造一个更坚固的掩体"。

《随笔集》

培根

若要使当场发作的愤怒不造成严重危害，有两个要点须特别注意。一是泄愤之言辞不可过于尖刻，尤其是不可指名道姓地恶语伤人，须知泛泛而骂亦可解恨。同时发怒者不可揭人老底，因为那样会使众人都回避与你交往。第二个要点是不可因一时愤怒而断然抛开自己的职责。总之不管你怎样表现愤怒，都不要做出无可挽回的事情。

《随笔集》

至于要使他人动怒，这首先是要选择好时机，即要在对方心情最糟，最易发火时激怒他们，另外再用你所能找到的一切手段来加重对方受辱的感觉。不想让他人动怒的办法正好相反，即如果要向某人讲某件可能会令他生气的事情，开口的时间一定要选在他心情好的时候，因为第一感觉非常重要；另外就是尽可能地使他觉得他所受到的伤害中没有轻辱的成分，你可以把那伤害归因于误会、担心、激动或任何你能想到的理由。

《随笔集》

友谊·爱情

友谊的一大奇特作用是：如果你把快乐告诉一个朋友，你将得到两个快乐；而如果你把忧愁向一个朋友倾吐，你将被分掉一半忧愁。

《论友谊》

友谊使欢乐倍增，悲痛锐减。

《论友谊》

采纳少数朋友的忠告永远是名誉的，因为旁观者常比当局者看得清楚。

《论从者与友人》

朋友的良言劝诫是一味最好的药。

《论友谊》

在自然界，物质通过结合可以得到增强。而人与人难道不是如此吗？

《论人生》

培
根

有些人之所以宁愿孤独，是因为在没有友谊和仁爱的人群中生活，那种苦闷正犹如一句古代拉丁谚语所说："一座城市如同一派旷野。"

《论人生》

得不到友谊的人将是终身可怜的孤独者。没有友情的社会，则只是一片繁华的沙漠。

《论人生》

生来就憎恶社交的人多少都带有一点兽性。

《论友谊》

友谊能使心中的抑郁之气得以消解，这种抑郁是各种感情引起的。我们知道，身体上的堵塞憋闷非常危险，而精神上的闭塞抑郁也与此同样。你可以服菝葜来通肝，服磁粉来通脾，服杏仁来通肺，服海狸香来通脑。但是，除了真正的朋友外，没有哪种药是可以用来通心的。对他们，你尽可以倾诉自己的不幸、愉悦、希望、疑虑、劝告，压抑于心中的一切都可以在友谊的肩上承担。

《人生论》

友谊的第一种用途是能颐养和支配感情，第二种用途是能颐养和支配理智。因为友谊不仅能使人走出狂乱的感情沼泽而步入和暖的春天，而且还能使人摆脱胡思乱想而进入理性的思考。这也可以被理解为朋友的忠告受到接纳。当他与朋友交谈时，他的才智和理解力就会变得清朗而又缜密；他就能变得比从前更加聪明，因为就所得到的智慧而言，一小时的谈话远胜于一天的沉思。第米斯托克利对波斯王说得好，他说："言语就像一块展开的花毯，图案显露在外；而思想则犹如卷起来的花毯图案深藏其中。"一个人能通过与他人交谈而增加见识，把自己的思想暴露于外，如同在石头上砺刃。一个人与其让自己的思想窒息，不如做一个雕琢石块的匠人。

《人生论》

友谊除了这两种崇高的作用之外，还有最后一种用途，就是他能为你分身。我们还会发现，前人所说的"朋友就是另一个他自己"这句话是保守的，因为一个朋友的作用要远远超过他自身。

《人生论》

人生有限，许多人往往未能了却自己的某些心愿就已死去。如果一个人有一个真正的朋友，那么，他就可以放心了，因为在他死后他的朋友替他完成未尽之业。因此，一个人在完成其心愿方面可以说就有了两条生命。因为，在他不能触及的地方，他可以通过他的朋友去实现。此外，一个人还有许多身份上的原因，而这些原因是他所不能弃之不顾的。比如说，他对儿子讲话，就要保持父亲的尊严；对妻子讲话，就要保持丈夫的尊严；对仇敌讲话，就要保持自己的尊严。而朋友却可以敞心而论，无须顾忌种种尊严。总之，朋友可解为难之事而没有朋友则是孤家寡人。

《人生论》

友谊的一个主要作用乃宣泄积压的感情，使心情舒畅，而喜怒哀乐均可导致情满欲溢的状态，世人皆知滞疴郁疾对人体最为危险，须知情感之郁积基本上亦复如此。人可用菝葜剂疏肝，用铁质丸浚脾，用硫磺粉宣肺，用海狸香通脑，可除了真正的朋友外，世上无任何灵丹妙药可以舒心；只有面对知心朋友，人才可能倾吐其忧伤、欢乐、恐惧、希望、猜疑、忠告，以及压在心头的任何感情，这就像一种教门外的世俗忏悔。

《随笔集》

没有真正的朋友才是一种纯粹而可悲的孤独，没有真正的友谊这个世界只是一片荒野；而即便是在这种意义上的荒野里，若有人天性中缺乏交友的倾向，那他的天性也是来自兽类，而非来自人类。

《随笔集》

不是真正的朋友，再重的礼品也敲不开心扉。

《论友谊》

只要你想想一个人一生中有多少事务是不能靠自己去做的，就可以知道友谊有多少种益处了。

《论人生》

友谊不但能使人走出暴风骤雨的感情世界而进入和风细雨的春天，而且能使人摆脱黑暗混乱的胡思乱想而走入光明而理性的思考。

《论人生》

没有真挚朋友的人，是真正孤独的人。

《随笔集》

没有真正的朋友实在是凄凉孤独。如果没有朋友，这世界只是荒野一片。

《随笔集》

人与人之间最大的信任就是关于进言的信任。

《随笔集》

失去朋友如同失去生命。

《理性主义的外饰》

培根

人与人之间最大的信任是精诚相见。

《论忠告》

最难忍受的孤独莫过于缺少真正的友谊。

《科学推进论》

友谊对于人生，真像炼金术士所要寻找的那种"点金石"。它能使黄金加倍，又能使黑铁成金。

《随笔集》

友谊不但能使人走出暴风骤雨的感情而走向阳光明媚的晴空，而且能使人摆脱黑暗混乱的胡思乱想而走入光明与理想的思考。

《随笔集》

那沉重地压在你心头的一切，通过友谊的肩头而被分担了。

《随笔集》

友谊的又一种作用则是能增进人的智慧。

《论友谊》

友谊对人生是不可缺少的……如果没有友情，生活就不会有悦耳的和音。在没有友谊和仁爱的人群中生活，那种苦闷正犹如一句古代拉丁谚语所说："一座城市如同一片旷野。"

《随笔集》

如果说，友谊能够调剂人的感情的话，那么友谊的又一种作用
则是能增进人的智慧。

《随笔集》

友谊不但能使人走出暴风骤雨的感情世界。而进入和风细雨的
春天，而且能使人摆脱黑暗混乱的胡思乱想而走入光明与理性的
思考。

《论人生》

心思中的猜疑有如鸟中的蝙蝠，他们永恒是在黄昏里飞
的。……这种心理使人精神迷惘，疏远朋友，而且也扰乱事务，使
之不能顺利有恒。

《论说文集》

缺乏真正的朋友乃是最纯粹最可怜的孤独；没有友谊则斯世不
过是一片荒野……

《论说文集》

除了一个真心的朋友之外没有一样药剂是可以通心的。

《论说文集》

最能保人心神之健康的预防药就是朋友的忠言和规谏。

《论说文集》

一个人从另一个人的诤言中所得来的光明比从他自己的理解力、判断力中所得出的光明更是干净纯粹……

《论说文集》

舞台比人生更施惠于恋爱者。因为在舞台上，"恋爱"长期可以做喜剧的素材，有时也可以做悲剧的素材；但在人生中，"恋爱"只能招致祸患；它有时如一位惑人的魔女，有时似一位复仇的女神。

《论爱》

过度的爱情追求，必然会降低人的本身的价值，例如，只有在爱情中，才永远需要那种浮夸谄媚的词令。而在其他场合，同样的词令只能招人耻笑。

《论爱情》

就是神在爱情中也难保持聪明。

《论爱情》

人性当中有一种隐秘的爱他人的趋向，这种趋向若不消耗在一个人或少数人身上，将很自然地普及于众人，并使人变得仁慈。

《论爱情》

妻子是青年人的情人，中年人的伴侣，老年人的看护。所以一个人只要他愿意，任何时候都有娶妻的理由。

《论说文集》

天性常常是隐而不露的，有时可以压服，而很少能完全熄灭的。压力之于天性，使它在压力减退之时更烈于前；但是习惯却真能变化气质，约束天性。

《论说文集》

凡对爱情过于重视的人，就要丧失他的财富和智慧。

《随笔集》

男女间的爱情创造了人类；友好的爱情使人类完美；淫荡的爱情只能败坏和糟蹋人类。

《论爱》

了解爱情的人往往会因为爱情的升华而坚强了他们向上的意志和进取的精神。

《随笔集》

爱情无孔不入；它不仅能钻进敞开着的心扉，而且还能钻进戒备森严却偶有疏忽的方寸。

《论爱》

夫妻的爱，使人类繁衍。朋友的爱，给人以帮助。但那荒淫纵欲的爱，却只会使人堕落毁灭啊！

《论人生》

爱情的报酬永远是这样，要不是回爱，就是一种内心的隐藏的轻蔑，这条定理是真的……人性之中有一种隐秘地爱他人的倾向和趋势，这种倾向若不消耗在一个人或少数人身上，将很自然地普及于众人并使人变为仁慈的……夫妇之爱，使人类蕃滋，朋友之爱使人完美；但是无度的淫爱则使人败坏并卑贱。

《论恋爱》

庄重的人，常受风俗引导，因而心志不移，所以多是情爱甚笃的丈夫；"宁要老妻而不要长生"的尤利西斯即是这样的人。贞节的妇人往往骄傲不逊，一若她们是自恃贞节者。倘若一个妇人相信她的丈夫是聪慧的那就是最好的使她保持贞操及柔顺的维系；然而假若这妇人发现丈夫妒忌心重，她就永不会以为他是聪慧的了。妻子

是年轻人的情人，中年人的伴侣，老年人的看护。所以一个人只要

他愿意，任何时候都有娶妻的理由。然而有一个人，人家问他，人

应当在什么时候结婚？他答道："年轻的人还不应当，年老的人全不

应当。"这位也被人称为智者之一。常见不良的丈夫多有很好的妻

子，其原因也许是因为这种丈夫的好处在偶尔出现的时候更为可贵，

也许是因为做妻子的以自己的耐心自豪。但是这一点是永远不错的，

即这些不良丈夫，必须是做妻子的不顾亲友的反对而自己选择的。

这样一来她们不得不补救自己的失策。

《论结婚与独身生活》

情欲泛滥的时候正是在人心力极弱的时候，故"爱"是"愚"

之子也。

《论说文集》

有些人，即使心中有了爱，仍能约束它，使它不妨碍重大的事

业。因为爱情一旦干扰情绪，就会阻碍人坚定地奔向既定的目标。

《论爱情》

所以古人说得好："就是神在爱情中也难保持聪明。"情人的这种弱点不仅在外人眼中是明显的，就是在被追求者的眼中也会很明显——除非他（她）也在追求她（他）。所以，爱情的代价就是如此，不能得到回爱，就会得到一种深藏于心的轻蔑。这是一条永真的定律。

《论爱情》

人不能绝灭爱情，亦不可迷恋爱情。

《论爱情》

在私生活中，人的天性是最容易显露的。因为那时人最不必掩饰。

《论人生》

当人心最软弱的时候，爱情最容易入侵，那就是当人春风得意、忘乎所以和处境窘困孤独凄零的时候，虽然后者未必能得到爱情。

人在这样的时候最急于跳入爱情的火海中。

《论人生》

即使心中有了爱，仍能约束它，使它不妨碍重大的事业。因为爱情一旦干扰情绪，就会阻碍人坚定地奔向既定的目标。

《论人生》

常见不良丈夫多有很好的妻子，其原因也许是因为这种丈夫的好处在偶尔出现的时候更显得可贵，也许是因为做妻子的以自己的耐心自豪。但是这一点是永远不错的，就是这些不良的丈夫必须是做妻子的不顾亲友之可否而自己选择的，因为如此她们就一定非补救自己的失策不可也。

《论说文集》

……爱情不仅会占领开旷坦阔的胸怀，有时也能闯入壁垒森严的心灵——假如守御不严的话。

《论人生》

与其他感情相比，只有爱情与嫉妒是最能令人消瘦的。这是因为没有什么能比爱与妒更具有持久的消耗力。

《论人生》

假如一个妇女相信她的丈夫是聪慧的，那就是最好的使她保持贞操及柔顺的维系；然而假如这位妇人发现丈夫妒忌心重，她就永远不会以为他是聪慧的了。

《论说文集》

只有对于朋友，你才可以尽情倾诉你的忧愁与欢乐，恐惧与希望，猜疑与劝慰。总之，那沉重压在你心头下的一切，通过朋友的肩头而被友谊分担了。

《论人生》

当你遭到挫折而感到愤懑抑郁的时候，一席倾诉可以使你得到疏导。

《论人生》

一个人的天性不长成药草，就长成莠草；所以他应当及时灌溉

前者而疫除后者。

《论说文集》

……最好的忠告只能来自诚实而公正的友人。

《论人生》

……尽管有的年轻人具有美貌，却由于缺乏优美的修养而不配

得到赞美。

《论人生》

美德好比宝石，它在朴素背景的衬托下反而更华丽。

《论人生》

仔细考究起来，形体之美要胜于颜色之美，而优雅行为之美又

胜于形体之美。

《论人生》

"喜欢孤独的不是野兽便是神灵"。说这话的人若要在寥寥数语之中，更能把真理和邪说放在一处，那就很难了。因为，若说一个人心里有了一种天生的，隐秘的，对社会的憎恨嫌弃，则那个人不免带点兽性，这是极其真实的；然而要说这样的一个人居然有任何神灵的性质，则是极不真实的。只有一点可为例外，那就是当这种憎恨社会的心理不是出于对于孤独的爱好而是出于一种想使自己退出社会以求更崇高的生活的心理的时候……一般人并不太明白为何孤独以及孤独的范围。因为在没有"仁爱"的地方，一群人并不能算作一个团体，许多的面目也仅仅是一系列图画；而交谈则不过是铙钹丁零作声而已。这种情形有句拉丁成语略能形容之："一座大城市就是一片大荒野。"因为在一座大城市里朋友们是散居各处的，所以就其大概而言，不像在小一点的城镇里，有那样的交情。但是我们不妨更进一步并且很真实地断言说，缺乏真正的朋友乃是最纯粹最可怜的孤独；没有友谊则斯世不过是一片荒野；我们还可以用这

个意义来论"孤独"说，凡是天性不配交友的人其性情可说是来自

禽兽而不是来自人类。

《论友谊》

友谊的主要效用之一就是在使人心中的愤懑抑郁得以宣诚、驰

放。……对一个真正的朋友你可以传达你的忧愁、欢悦，恐惧，希

望，疑忌、谏净，以及任何压在你身上的事情。

《论说文集》

当人心最软弱的时候，爱情最容易入侵，那就是当人春风得意、

忘乎所以和处境窘困孤独凄零的时候，虽然后者未必能得到爱情。

人在这样的时候最急于跳入爱情的火焰中。

《论说文集》

人类是为了认识一切高贵事物才被创造出来的，但伊壁鸠鲁却

说："每个人都是一个很大的剧院。"这句话说得不好，好像人类只

是应当跪在一个小小的偶像前，使自己成为娱目色相的奴隶一样，

而上帝赐与人类的眼睛应当有其高贵的用途。

《人生论》

自古以来在男女双方，爱情的结果只有这样两种，不是得到对方的回爱，就是遭受对方的蔑视。因此，对这种情欲人们应当小心提防，因为它极有可能失去自己。

《人生论》

过度的情欲必然会夸大对方的价值，而在别的事物中，我们则很难听到那些夸饰之辞，古人说得好："最大的奉承总是留给自己。"而情人肯定有过之而无不及。因为不管一个人怎么骄傲，怎么自以为是，他对自己的评价无论如何也不会达到情人将其所爱的人捧上天的那种荒谬程度。所以有人说得好："人在恋爱中是不可能明智的。"

《人生论》

至于会丧失其他什么东西，古代那位诗人在其诗中说得很明白：

帕里斯更喜爱海伦，故而放弃了赫拉和雅典娜的礼物；因为任何过

分着重爱情的人都会放弃财富和智慧。

《随笔集》

爱情泛滥之时往往正是人们软弱之际，也就是在人鸿运高照或

背运倒霉的时候，不过这后一种情况历来较少被世人注意；其实这

两种时候都容易点燃爱火并使之燃得更旺，因而也可说明爱情的确

是愚蠢的产物。

《随笔集》

如果有人不得不接受爱，但却能将其摆在适当的位置，使之与

人生的重要使命截然分开，那这人就算把爱情处理得最为妥当。因

为若让爱情干扰事业，它就会影响人的时运，使之无法忠于自己的

目标。

《随笔集》

勇武的人堕入爱情让人深感迷惑。或许，这如同他们喜欢烈酒

142

一样，似乎危险需要在快乐中得到补偿。

《人生论》

　　人性中有一种关爱他人的愿望，这种爱心若不献给少数人，那就会献给大众，就会像僧侣一样变得仁慈博爱。

《人生论》

婚姻·家庭

在人类生活里，美满的婚姻总是难得一见。经常看到一些糟糕的丈夫却拥有贤惠的妻子，这大约是因为，当她们可心的丈夫在表达情爱时显得尤为珍贵；或者是做妻子的在以此考验自己的忍耐精神。但有一点千真万确，那就是当初挑选丈夫时纯由己愿。因此，她们就只能穷尽一生来补救自己的过失。

《人生论》

父母在孩子的生活花销上不可吝啬，否则就是一种有害的错误。这使孩子们变得卑贱，学会了说谎，以致堕入下流，并导致他们在拥有钱财时显得贪欲。因此，人们只有严加管教他们的孩子，而不是他们的钱包，才会得到最好的结果。

《人生论》

毫无疑问，未婚者是最好的朋友、最好的主人、最好的奴役，但往往并非最好的臣民，因为他们很容易逃亡，几乎所有的逃亡犯都是无家者。

《人生论》

妻子是青年的情人，中年的伴侣，老年的保姆。因此，一个男人只要他愿意，任何时候都有理由获得婚姻。在回答人应当在什么时候结婚这个问题时，曾经有一个智者说："年轻时太早，年老时太迟。"

《人生论》

如果妻子认为她的丈夫聪明，这就可使她保持温顺贞洁；如果她发现她的丈夫妒忌多疑，那就会伤害她的自尊。

《人生论》

父母对每个子女感情都不尽相同，这常常极不公平，对母亲而言尤不足取，所罗门说："聪明的孩子让父亲高兴，愚蠢的孩子叫母亲蒙羞。"

《人生论》

通常人们有一种愚昧的做法，就是在未成年的兄弟之间鼓励竞争，这样的结果往往使他们在成人以后互相敌视，破坏了亲情。

《人生论》

为人父母者爱把喜乐忧惧都藏在心头，因为有些感受不能说，有些则不愿说。子女可使父母的辛劳苦中有乐，但也可使父母的不幸加深；子女会增加父母对生活的忧虑，但也会减轻他们对死亡的担忧。动物皆能生殖繁衍，代代不绝，但在身后留下声名、功德和伟业则为人之独有。世人的确可见，最伟大的功业历来都由一些无后嗣者所始创，这些人因没有后嗣再现他们的肉体，便努力实现其精神之再现，所以无后嗣者往往最关心后世。未立业而先成家者大都溺爱孩子，他们不仅把孩子视为种族的衍续，而且视为他们事业的继续，因此孩子于他们就如同创造的产物。

《随笔集》

当父母的应及早选定他们想让孩子从事的职业和相关学业，因孩子越小可塑性越大；同时父母不可过分注重孩子的意向，别以为孩子想做的事他们将来也会喜欢。

《随笔集》

一个独身的女人往往高傲不逊，她们似乎在炫耀贞洁。

《人生论》

父母的欢欣是秘而不宣的，他们的忧愁和畏惧也同样如此，他们的欢欣说不出，他们的忧惧也不肯说。子嗣使劳苦变甜，但是也使不幸更苦。他们增加人生的忧虑，但是他们也减轻关于死亡的记忆。由生殖而传种是动物同有的，但是名声、德行与功业则是人类特有的；而最伟大的事业是从无后嗣的人来的这种事实也确实可见；这些人是在他们躯体的影像无从表现之后努力想表现他们精神的影像的。所以，无后代的人倒是最关心后代的人了。首先立家的人们对自己的子嗣最为纵容：他们把子嗣不但看成本族的继嗣，而且也是自己事业的继续，因此，他们对自己的子嗣和自己所造的事物一样看待。

《论父母与子女》

在家庭中经常会看到这样的情形，最大的孩子最受重视，最小的饱受滋爱，中间的几个好像很容易被遗忘。

《人生论》

父母应及时选择他们认为适合于孩子们的生活之路，但也不要过于关注孩子们的兴趣，因为他们目下最关心的未必适合他们的未来。

《人生论》

如果孩子们才智非凡，那就不要横加干涉，就一般而言，下面这句格言是对的："自然是最好的选择。"

在兄弟中为弟者通常总是幸运者，但如果兄长的继承权遭到剥夺，他们的幸运就难以为继了。

《人生论》

独身对于法官和地方官员来说则无关紧要，因为如果他们身边有一个恶劣的幕僚，其进谗言的能力就可以抵得上五个妻子。至于士兵，我发现，将帅们在训话时，总要他们想到自己的妻子儿女，因为家庭可以激发他们的勇气和责任心。

《人生论》

良好的风俗可以培养出感情坚贞的男人，正如尤利西斯一样，有的人"宁要妻子也不要长生"。

《人生论》

　　如此看来，妻子儿女是对人性的一种考验。至于独身者，有时由于他们手头宽裕，他们往往出手慷慨，但他们也比较心地冷酷，因为他们难得产生同情。

《人生论》

培
根

　　有妻室儿女者对未来已只能听天由命，因妻室儿女乃成就大业之妨碍，不管要成就的大业是善是恶。无可否认，最有益于公众的丰功伟业历来皆由无妻室或无子女的人始创，这些人在感情上已娶了公众，并用他们的钱财替公众置了嫁妆。但按理说有子女的人对将来应最为关心，因为他们知道得把自己最心爱的孩子留给将来。世上有这样一种人，他们虽然过独身生活，但却一心只想自己，认为将来与己无关；世上还有一种人，他们认为妻子儿女不过是应付的账单；更有甚者，有些愚蠢而贪婪的富翁竟为没有子女而洋洋得意，他们可能以为这样一来他们就更为富有；也许他们听过这样一

段对话，有人说"某某是个大富翁"，另有一人则不以为然，"是

呀，可他有一大堆孩子要养"，仿佛子女会减少那人的财富似的。不

过选择独身的原因多半都是为了自由，对某些自悦而任性的人来说

尤其如此，因为这种人对任何约束都极为敏感，以致他们或许会把

腰带和吊袜带也视为羁绊。

《随笔集》

培
根

科学·教育

科学，宛如云雀，能振翼高飞，尽情歌唱；犹如猛禽，能俯冲直下，捕获猎物。

《论人生》

不学无术的人轻视科学，没受过教育的人赞赏科学，而智慧者则利用科学……

《论人生》

科学改造了大自然，而科学也通过经验进行自我完善。

《论人生》

认识所有事物的原因和潜力是我们社会的目的，而扩大人统治

大自然的权力，暂时还是不可能的。

《论人生》

你若顺从自然，你就最易于征服自然。

《论人生》

大自然在每个人身上都会诱发出或者是禾苗，或者是莠草。人

们要及时地浇灌前者，铲除后者。

《论人生》

科学的真正的与合理的目的在于造福于人类生活，用新的发明

和财宝丰富人类生活。

《随笔集》

天然的才能好像天然的植物，需要学问来修剪。

培根

《论人生》

把思考权交付给别人，就不会走自己的路了。

《论人生》

不学无术的人轻视科学，没受过教育的人赞赏科学，而智慧者则利用科学。

《随笔集》

毋庸置疑，形成于青少年时期的习惯最为良好。我们把这种习惯之形成称为教育，其实那不过是一种早期习惯。如我们所知，青少年舌头更灵活，四肢更柔软，他们更易模仿各种声音腔调，更易学会各种运动技艺，而成年人在这方面比青少年逊色乃不争之事实；虽说有些才智出众者从来不僵化，他们终生都能保持灵活柔软，随时都能接受可使之更完美的东西，但这种人毕竟太少。如果说单纯而独立的个人习惯力量已不小，那相互结合而成的集体力量则可谓

强大无比；因为在集体中有榜样的教导、同伴的鼓励、竞争的鞭策

和荣誉的指引，以致习惯的力量在那儿可登峰造极。不可否认，要

让人类习性中的优点得以增加，关键在于各社会团体之规章严明和

风纪纯正，因为国家和政府只鼓励已经形成的美德，而不改良美德

的种子；但如今育种的最有效手段正被用来达到各种最不应该向往

的目标，这种现状实乃可叹可悲。

《随笔集》

科学在人的心目中的价值也必须由它的实践来决定。真理之被

发现和确立是由于实践的证明而不是由于逻辑或者甚至于观察的证

明的。

《随笔集》

若有人以方术和科学会被滥用到邪恶、奢侈等等的目的为理由

来加以反对，请人们也不要为这种说法所动。因为若是那样说，则

对人世一切美德如智慧、勇气、力量、美丽、财富、光本身以及其

他等等也莫不可同样加以反对了。

《新工具》

关于斯芬克司之谜一共有两类：一种涉及事物的性质，另一种涉及人的性质；同样的，也对它们提出了两种类型的解答：一种是关于自然的方面，另一种是关于人的方面，支配所有事物的，自然是包括物体、医药和机械力，以及其他事物，这正是真正自然哲学固有的和最终的目的；但是学院哲学夸夸其谈满足于它所发现的，这就可能忽视或不理睬对现实和事理的探索。俄狄浦斯由于解答了斯芬克司之谜，而成为底比斯的国王，他的解答就属于同人的性质相关，因为无论谁洞察了人的性质就可能几乎如他所希望的那样实现他的理想，享有帝国。

《古代人的智慧·斯芬克司》

历来处理科学的人，不是实验家，就是教条者。实验家像蚂蚁，只会采集和使用；推论家像蜘蛛，只凭自己的材料来织成丝网。而蜜蜂却是采取中道的，它在庭园里或在田野里从花朵中采集材料，而用自己的能力加以变化和消化。哲学的真正任务就正是这样，它既非完全或主要依靠心的能力，也非只把从自然历史和机械实验收来的材料原封不动、囫囵吞枣地累置在记忆之中，而是把它们变化过和消化过而放置在理解力之中。这样一来，要把这两种机能，即实验的和理性的这两种机能，更紧密地和更精纯地结合起来（这是迄今还未做到的），我们就可以有很多的希望。

《新工具》

我们应遵循一个正当的上升阶梯，不打岔，不违章，一步一步由特殊的东西进至较低的公理，然后再进至中级公理，一个比一个高，最后上升到最一般的公理。这样，也只有这样，我们才能对科学寄予好的希望。因为最低的公理与单纯的经验相差无几，最高的最一般的公理（指我们现在所有的）则又是概念的、抽象的、没有坚实性的。唯有中级公理却是真正的、坚实的和富有活力的，人们的事务和前程正是依靠着它们，也只有由它们而上，到最后才能有那真是最一般的公理，这就不复是那抽象的，而是被那些中间公理所切实规限出的最一般的公理。

这样说来，对于理解力切不可赋以翅膀，倒要系以重物，以免它跳跃和飞翔。这是从来还没有做过的；而一旦这样做了，我们就可以对科学寄予较好的希望了。

《新工具》

除非把自然哲学贯彻并应用到具体的科学上去，又把具体科学再带回到自然哲学上来，那就请人们不必期待在科学当中（特别是在实用的一部分科学当中）会有多大进步。因为缺少了这个，则天文学、光学、音乐学、许多机械工艺以及医学本身，（也许人们更觉诧异的）就连道德哲学、政治哲学和逻辑科学也都在内，一并都缺乏深刻性，而只在事物的表面上和花样上滑溜过去。因为这些科学一经分了工而建立起来之后，已不再受到自然哲学的营养了；而其实，自然哲学从它对于运动、光线、声音、物体的结构和装配以及人的情感和理智的自觉等等的真正思辨当中，是应当能够收获对个

别科学灌注新鲜力量和生机的方法的。这样看来，科学既已与它的

根子分离开来，则它之不复生长也就毫无足怪了。

《新工具》

科学过去之所以仅有极小的进步，还有一个重大的、有力的原

因，这就是：大凡走路，如果目标本身没有摆正，要想取一条正确

的途径是不可能的。科学的、真正的、合法的目标说来不外是这样：

把新的发现和新的力量惠赠给人类生活。但对于这一点，绝大多数

人却没有感到，他们只是雇佣化的和论道式的；只偶然有智慧较敏、

又贪图荣誉的工匠投身于新发明，而他这样做时多半是以自己的财

产为牺牲。一般说来，人们绝无以扩增方术和科学的总量为己任之

意，所以即在手边已有的总量当中，他们所取和所求的也不外那对

他们的演讲有用，能使他们得利、得名或取得类此便宜的一点东西。

即使在大群之中居然有人以诚实的爱情为科学而追求科学，他的对

象也还是宁在五花八门的思辨和学说而不在对真理的严肃而严格的

搜求。又即使偶然有人确以减意来追求真理，他所自任的却又不外

是那种替早经发现的事物安排原因以使人心和理解力得到满足的真

理，而并不是那种足以导致事功的新保证和原理的新光亮的真理。

这样说来，既然科学的目的还没有摆对，那么人们在办法上发生错

误就不足为奇了。

《新工具》

即使人们有时亦图从他们的实验中抽致某种科学或学说，他们

却又几乎总是以过早的和过于轻率的热情歪向实践方面。这不仅从

实践的效用和结果着想，而且也是由于急切地从某种新功效的形迹

中使自己获得一种保证，知道值得继续前进；也是由于他们急于想

在世界面前露点头角，从而使人们对他们所从事的事业提高信任。

这样，他们就和亚塔兰塔一样，跑上岔道上去拾金苹果，同时就打

乱了自己的途程，致使胜利从手中跑掉……我们从各种经验中也应

当首先努力发现真正的原因和真正的公理，应当首先追求能给以光

的实验，而不是给以利益的实验。因为当各种公理被正确地发现和

建立起来时，就会给我们提供实践以工具，不是一件又一件的，而

是累累成堆的，并且后面还带着成行成队的事功。关于经验的一些途径，其被阻与受困一如判断之被阻与受困的一些途径……这里我只是把通常的实验研究作为一种坏的论证来提一下罢了。现在，依照手中问题的顺序，我还须就另外两点有所阐说：一点是前文刚刚提到的迹象（表明现在通行的思辨和哲学体系是情况恶劣的一些迹象），另一点是那种初看似觉奇怪难信的情况所以存在的原因。指出迹象就能酝酿人们的同意；说明原因则能免除人们的惊奇：这两件事都大有助于从理解力当中根绝假象的工作，使这工作较为容易并较为温和一些。

《新工具》

同想象关系密切，而较少涉及理性的科学大约有三种：一为星相学，二为幻术，三为炼金术。这几种科学所企图的所自负的，颇觉高尚。因为星相学自夸可以发现出天体同地体的关系或影响来；幻术自夸可以自由应用自然哲学的各种观察，做出惊人的奇观来；炼金术自夸可以把自然实体中那些原来结合在一起的各种不相似的部分相互分离开。不过实现这些企图的妙计和方法，无论在学理方面或实行方面都充满了错误和虚妄。那些大学者们都可以暧昧不明的著述，来掩饰藏匿自己的缺点，总以为自己的秘宝是得自耳闻同其他诡计，好使人们仍旧相信他们的蒙蔽。我们正可以把炼金术同伊索寓言上的农夫相比。这位农夫在要死的时候告诉他的儿子们说，他曾给他们留下金子，埋在葡萄园中的地下，几个儿子因此就掘遍了园中的土地，但没有找到金子，不过因为他们把园子的土地整个整了一回，所以结果土肥根深，于是第二年，他们便获得了葡萄丰收。同样，炼金家也因为千方百计想办法要炼出金子，所以他们也发现了很多功效非凡的发明和实验，这些一方面可以启发自然的秘密，一方面又可以为人们的生活所利用。

《学术的进展》

我们可以把自然哲学分为矿苗同火炉两部分，一部分为从事于开凿的先锋，一部分为从事于锻炼的金工。与此相类似的，还有另一种区分，虽然在哲学上已经迂腐陈旧，我也十分愿意采用。这就是把自然哲学分为两部分：一部分研究原因，一部分产生结果；一部分是从事于观察的自然科学，一部分是从事实用的自然技术。因为在政治方面，既然有理论的知识同实用的能力这两种区分，所以在自然哲学方面，也应当有相应的两层类别。

《学术的进展》

而正如在生活事务方面，人的性情以及内心和情感的隐秘活动尚且是当他遇到麻烦时比在平时较易发现，同样，在自然方面，它的秘密就更加是在方术的扰动下比在其自然流状态下较易暴露。

《新工具》

说到人类要对万物建立自己的帝国，那就全靠方术和科学了。因为我们若不服从自然，我们就不能支配自然。

《新工具》

我们还没有把握能够确定地说是否有一种虚空，无论是集于一

块或者是散于物体的孔隙之间。但有一事我则确信无疑，即留基伯和德谟克利特倡导虚空说时所持的理由（就是说，若是没有虚空，那么同物体就不能有时拥有和充塞着较大的空间，有时拥有和充塞着较小的空间）乃是虚妄的。因为物质明明能够于空间中在一定限度内使自己或舒或卷，而无需有一块虚空插入帮忙；因为空气中并没有比金子中大两千倍的虚空——那若照他们的假定则是应当的。

《新工具》

数学也是自然哲学的另一个主要部分，通常都把它看作同上面讲到的物理学和形而上学正相对立。不过我觉得要按事物的本质和明显的顺序讲，我们应当把数学认为是形而上学的一个分支，因为数学的主题虽是数量，但并不是无定的数量，所以它是相对。

我们应该不应该承认，几何学对于培养才智和训练正确思维来说是一切工具中最有原因；而德谟克里特学派所以把数归于一切事物的最初原子，毕达哥拉斯学派所以把数认为是一切事物的原则同本原，也正是因为这个缘故。事实上，在我们所知的各种形式里，数学正是最抽象的，最可以同物质分离开的，所以要把它归入形而上学里，那是很适当的，而数学所以比其他各种具体的形式，都研究的精确，并正是因为这个缘故……

《学术的进展》

数学可以分为纯粹的同混杂的两种。纯粹数学所研究的是有限的数量，这种数量可以完全脱离自然哲学的任何公理，它可以分为两种，一种是几何，一种是算术。几何学所研究的是连续的数量，算术所研究的是不连续的数量。混杂数学以自然哲学的一些公理为主题，它所研究的数量是附属于这些公理而且是在这种范围内被决定的。因为离开数学的帮助，自然的许多部分，便不能了解得十分精致，解释得十分明白，利用得十分熟练。最明显的例子，如透视画法、音乐、天文学、宇宙结构学、建筑、机械等等艺术都是这样的。不过在数学一方面，我倒没有看到什么，只可以说，人们对于纯粹数学的精美作用还不十分懂得罢了，因为纯粹数学是可以医治智慧的许多缺点的，因为机智迟钝时，数学可以使它锐利，机智游

培根

165

移不定时，数学可以使它确定，机智太为具体事物所拘时，数学可以使它抽象。正如网球戏似的，本身虽然无用，可是它能使眼敏锐，身体灵活，令人进退自如，同样，在数学中，那些附属的、间接的效用，也不弱于那些主要的预期的效用。至于混杂的数学，我只可以预言说，自然既是日益被人发现，那么混杂数学的种类，一定也会增多。关于自然科学或自然哲学的思辨部分，我的话也就止于此了。

《学术的进展》

培根

善美·康乐

世人并非只在指导方能行善，许多人甚至具有天生的行善动机，这正如在另一些人身上具有一种天生的恶行的天性一样。较轻的行恶只是表现为脾气粗暴、好勇争强、自以为是之类；而较重的行恶则表现为嫉贤妒能和祸害他人。这种人以别人的灾难发迹，并且总是落井下石……而更像那些在人的伤口上聚集的苍蝇。

《人生论》

善的表现良多。如果一个人对异乡人宽仁有礼，他的心就不是与其他陆地隔绝的孤岛，而是与整个世界相连，如果他对别人的痛苦悲哀怀有悲情，那就是说，他的心是那种为奉献止痛香膏而使自身受伤的名贵的杜仲；如果他不计较别人对他的冒犯行为，那就是

说，他的心灵高踞于不受伤害的处所。如果他对小的恩惠也心怀感

激，那就是说，他看重的是人们的感情而不是他们的财产。

《人生论》

有些医生对病人的脾气过于迁就，以致不坚持正确的治疗措施；

有些医生则过分遵循医书药理，以致对病人的体质情况不予充分的

考虑。应该请那种介于这二者之间的医生，若此等良医难觅，则各

请一名综合之。最后别忘了，有病时既要请医道高明的名医，又要

请熟悉你身体状况的大夫。

《随笔集》

须知少时的血气方刚往往纵容过度行为，而行为无度终将欠下

一笔年老时须还的旧债。应该意识到年龄的增长，别老想做事不减

当年，因为岁月毕竟不饶人。对主食之骤然改变须非常谨慎，如果

非改不可，则副食品亦须有相应改变；须知自然之道和治国之道有

一个相同的秘诀，即百事之更新比一事之鼎革更为安全。应经常审

视你衣食住行等方面的习惯，若判定某种习气有害，则须设法逐渐

将其戒除；但若发现因改变某习性而引起不适，你也不妨故态复萌；

因为很难区分何为公认的有益于健康的习惯，何为对你个人有益并

相宜的习性。日常生活中应该无忧无虑，自得其乐。

《随笔集》

　　至于人之所感所思，当避免嫉妒、焦虑、忧愤以及过度欣喜和

暗自悲伤，亦当避免思其力之所不及、其智之所不能。应该让心中

怀有憧憬，怀有并非狂喜的愉悦和并不过量的多种情趣，并怀有仰

慕和惊叹以及由此产生的新奇感；还应让头脑中充满庄重而多彩的

思考对象，如历史、神话以及对自然的研究。若你从不用药物维护

健康，当你一旦需用药物时身体将不适应；而若你平时使用药物太

多，生病时用药则不会有显著疗效。笔者赞成按季节变换食品，而

不赞成经常服用药物，除非服药已成为一种习惯；须知营养食品对

身体多有调护而少有伤害。对身体的异常情况不可掉以轻心，而须

及时请医求诊。生病时应注重调养，健康时应注重锻炼，因为平时

注重锻炼者患微恙一般都不必求医，只需注意饮食和调养便可痊愈。

塞尔苏斯若非一个哲人而只是一名医生，那他就绝不可能把以下见

解作为健康长寿的要领：人应交替采用截然不同的生活方式，不过

应倾向更宜人的一种，如时而节食时而饱餐，但更多时是饱餐；寸

而熬夜时而早眠，但更多时是早眠；时而静养时而运动，但更多的

是运动；诸如此类，不一而足；这样生理机能可得到呵护，同时亦

可防止疾病。

《随笔集》

我认为"善"的本义，就是满怀热忱为人谋利，它近乎希腊人

所说的慈善与仁慈精神，但意义还要深远。我把利人的行为称为

"善"，而把利人的天性称为"性善"。

《人生论》

在一切美德和崇高的精神品格中，善是高尚者，因为它是上帝

的美德。如果没有这种美德，人类就成为一群忙碌的、卑劣之物，

不会优于一种害虫。

《人生论》

　　大凡卓越之美，都有某种奇妙之处。谁也说不出阿佩勒斯和阿尔伯特·丢勒究竟哪一位是更出色的滑稽者：其中一位是按照几何学的比例来画人，另一位则从几个形象迥异的面孔中选取最好的部分来创作一张完美的面颊。我想，这样的作品，除了作者本人，谁也不会喜欢。并非说我认为一个画家不可以创造一张比以前好看的脸孔，而是说他应当靠一种灵感去创作而非依靠什么规则去描绘。谁都会看见一些面孔，如果你把它们一块一块地加以审视，你就会发现哪一块都不好，但是假设把各个部分凑在一起，你就会觉得那些面孔妙不可言。

《人生论》

　　关于美的比较，我认为容貌之美优于装束之美，优雅的举止之美又胜于单纯的容貌之美。但美的最高境界，是既不能用形象来表现，也不是目所能及的。

《人生论》

把美的形貌与美的德行结合起来吧，只有这样，美才会放射出真正的光辉。

《论美》

美德有如宝石，最好是用素净的东西镶嵌。

《论说文集》

许多容颜俊秀的人却一无作为，他们过于追求外形美而放弃了内在美。

《论人生》

世上有许多美人，他们有过放荡的青春，却迎受着愧悔的晚年。因此，把美的形貌与美的德行结合起来吧。只有这样，美才会放射出真正的光辉。

《论人生》

有些老人显得很可爱，因为他们的作风优雅而美……而尽管有

的年轻人具有美貌，却由于缺乏优美的修养而不配得到赞美。

《论人生》

美德好比宝石，它在朴素背景的衬托下反而更华丽。同样，一

个打扮并不华贵、却端庄严肃而有美德的人是令人肃然起敬的。

《论美》

与其常服药饵，不如按季节变更食物。

《随笔集》

美犹如盛夏的水果，是容易腐烂而难于保持……因此，把美的

形貌与美的德行结合起来吧。只有这样，美才会放射出真正的光辉。

《论美》

相貌的美高于色泽的美，而秀雅合适的动作的美，又高于相貌的美，这是美的精华。

《论美》

论起美来，状貌之美胜于颜色之美，而适宜并优雅动作之美又胜于状貌之美。

《论人生》

健康的躯体是灵魂的客厅，而病体则是监狱。

《学识的增长》

坚定是美德的基础。

《科学知识的增长》

美的至高无上的部分，无法以彩笔描绘出来。

《论美》

最美的东西是无法用画笔表现的。

《随笔集》

如果美的精华在于文雅的动作这句话不错，老年人比青年人往往美得多这个事实当然不足为奇了。拉丁谚语说得好："秋天的美才真正美"。因为只有带着宽容的意味，并且承认青年人的美是由于他们年轻，才可以说青年人美。

《论美》

在美的方面，相貌的美高于色泽的美，而秀雅合适的动作的美又高于相貌的美。这是美的精华，是绘画所表现不出来的，对生命的第一眼印象也是如此，没有哪一种高度的美不在比例上现出几分奇特。很难断定在亚帕利斯和杜勒两位画家之中哪一位比较肤浅，杜勒要按照几何比例去画人像，而亚帕利斯却从许多面孔中选择最好的部分去画一个最美的面孔。我认为这两种画像不能叫任何人满意，除掉画家自己。我并非说画家不应该把面孔画得比实际更美，我只说他在画的时候，应该凭一种得心应手的轻巧（就像音乐家奏出一个优美的曲调那样），而不是凭死规矩。我们常看到一些面孔，就其中各部分孤立地看，就看不出丝毫优点；但就整体看，它们却显得很美。

《论美》

世上有许多美人，他们有过放荡的青春，却迎受着愧悔的晚年。

《论人生》

如果美碰巧落在一个正常的人的身上，它也一定会使他的德行放射出光辉，使他的罪过引起面孔上羞惭的红晕。

《论美》

美德如同奇丽的宝石，最理想的位置是将它镶嵌在朴素的东西上。如果美德是在一个容貌并不漂亮，但形体清秀气质脱俗的身体里，那是最好的情形。

《人生论》

通常说来，很美的人在其他方面不一定有什么出色的美德，好像造物主在其忙碌的工作中只求准确，而无心创造完美的东西似的。所以，那些很美的人也许很有教养，但却胸无抱负，他们注意的是举止，并非美德。不过这种观点并非千真万确，因为罗马的奥古斯都·恺撒、提图斯·韦斯帕斯、法国的菲利普，英国的爱德华四世，雅典的亚尔西巴德，波斯的伊斯迈尔，都是高尚的伟人，然而也是他们那个时代的俊美男子。

《人生论》

养生是一种超越于医学规律的智慧，自己分别出什么对自身有益，什么对自身有害，这是一剂极好的保健良药。通常说来，一个人如果说"这个对身体不利，因此我要戒除它"，比如说"我认为这个对我无害，因此我可以随便用它"更加保险。因为，青年时凭借身强体壮可以放纵自己的行为，但这一笔账在晚年是要一并结算的。所以，留心自己年龄的增长，不要一直想做同一件事，人的年龄是留情面的。就饮食来说，要注意不要突然改变计划，如果饮食需要重新调整的话，则别的配合适宜。因为万物都有一种规律性，即：改变多件事情比改变一件事情要令人放心。所以，应当研究一下自己平时生活习性，应当试着将有损于健康的习性慢慢排除。在变更中如感觉不适，就应当努力停止，要把一般人认为有利于健康的东西，适合你自己身体健康的行为区别开来。

《论养生》

人应当克服嫉妒、焦虑和恐慌等情绪，扼制心中的怒气，少迷恋深奥难懂的问题，克制过度兴奋，不要纠缠于心中的悲哀。人的心中应充满希望和快乐，而不是兴奋，经常微笑而不是放纵，要有好奇心，以便保存对事物美好的新鲜感。无病时不宜滥用药物，否则疾病来了，药就可能不灵。我认为常用药饵，倒不如按不同季节换一些食物，除非服药已构成习惯。因为，食物对于身体利大于弊。不要忽视身体上的细小问题，要多加关注。生病后，主要留心健康，要注意锻炼。因为人们在健康时身体有忍受力，所以一些小毛病稍加注意就行。

《论养生》

名医塞尔索斯①的一条有关如何使人健康长寿的要诀实在高明至极（这话如果只凭其医术而无相当之智慧是断然讲不出的），这即一个人的锻炼须从两个截然相反的方面去进行，但以那更为有益的极端为重点：不食与饱食，但以饱食为主；不睡眠与睡眠，但以睡眠为主；不活动与活动，但以活动为主。余准此。如能依照此法练习，不仅人的天然肌体将获得滋养保全，其战胜疾病之能力亦必大为增强提高。一些医生对其病人过于迁就，以至对其该治之病应进之药不能认真对待；另一些医生则过于据守医术上

————————

① 即 Celsus，纪元后一世纪拉丁语医学作者，所著《医学》八卷留传至今。

之成法常规，以至置其患者之具体病状与身体特点于不顾。因此就医之时，宜只请其医道介乎两者之间的人；而如果这两种人在一个医生身上觅不到时，则这两类医生不妨各请一名，以配合治疗；此外延医之时，那名望素著的固然可贵，但最熟悉你身体状况的医生则尤不可不请。

《论养生》

在吃饭、休息、运动的时候，心胸坦然，精神愉悦，是延年益寿的最好药方。

《论养生》

房屋是为了居住而建筑的，而不是为了供人欣赏，因此，要先考虑实用而后再求其美观，除非两者能合二为一。还是把只是为了追求美观而建筑的好看的房子留给诗人们作享受的宫殿吧！他们建造这些房子并不花钱。

《论建筑》

一个人把一所不错的房子建在一个糟糕的环境中，等于把自己送进了牢狱。我们所说的糟糕的环境，我认为不只是那里空气不清新，也指像气温不宜之类的状况，正如你们所见，许多很好的宅院坐落在小山上，周围是山丘环绕，太阳的热能和风都很容易在这里汇聚，因而，你将会突然感到寒暑剧变，就像你住在气候各异的地方。不良的环境，并不是只有不良的空气，还有不良的道路，不良的市场，不良的邻居。

《论建筑》

缺水，缺少树木，从而没有树荫的遮蔽；几种自然土壤混合，没有肥沃的土地；视野狭窄，土地崎岖；就近没有打猎、放鹰、比赛等运动的场所；离海要么近要么远；没有一条可通航的水域，不能享有航行的方便却有遭受河水泛滥的危险；距离大城市要么太远要么太近。某地能使一个人聚敛巨大的财富，而另一个地方则会使其财富受损等等。所有这些都应该综合考虑，择善而从。

《论建筑》

如果一个人有好几处宅邸，他在一所邸宅中缺少的某些环境条件，可以从另外一所中获得。鲁库鲁斯对庞培有一个很妙的回答，当庞培在鲁库鲁斯的家里看到宏伟的走廊和大而明亮的房间时，他说："这儿确实是一个避暑的胜地，但是冬天你如何过呢？"鲁库鲁斯回答说："大概你还以为我没有一些鸟儿们聪明吧！在冬天到来之前，鸟儿们都要迁飞的。"

《论建筑》

在家居生活的一侧，我希望它是分开的，首先一个大厅以及礼拜堂，它们应布置妥善并且宽大，这两个房间不能把它都占了，在最里面的顶部，还应有一个冬天和一个夏天用的客厅，而且都很美观。在这些房间的下部，应是一个整洁、宽敞的地下室，以及一些厨房、酒类贮藏室、食品室之类的房间。至于塔楼，它应比塔楼的两翼高出两层，每层 18 英尺高，楼顶用优质的铅皮覆盖，并在周围用竖立的雕像环绕。同样，塔楼也应想到分隔为适用的房间。

《论建筑》

通往最上层房间的楼梯，要安装在一个好看、裸露的圆柱上，圆柱体上环绕着细致的木刻和古铜色的雕像。一个很漂亮的餐厅搁在顶层，但是这种安排你不能把任何一间下层的房间作为仆人的餐厅，否则你让仆人们在你用餐之后吃饭，因为仆人餐室的蒸气和烟囱里的烟一样会漂浮上来。另外，第一层楼的楼梯应该有 16 英尺高，这同楼下房间的高度一样。

《论建筑》

在房屋前部是一个漂亮的庭院，庭院的三面是比前院低很多的房子，院子的四个角是精致的楼梯，安在四个角楼的外面。角楼不宜高过前院的房，而最好和偏低的房屋相适宜。庭院除了四边的小路和呈十字形的道路以外，不必用砖石铺筑地面，因为这样做夏天

会太热而冬天太冷，应在地面上植种草籽，并经常修剪。建筑顶部

应有一些各种图案的华丽的彩色玻璃窗，这样不管上午下午都会有

阳光照不到的房间。有时你可以搬到装满玻璃的漂亮房子里，享受

温暖的阳光。至于凸窗我以为它们是非常有用的。

《论建筑》

这个庭院后面，还应有一个内院，面积与房屋高度均与前院相

等，庭院之外都是花园，内侧则筑以精致回廊与美丽拱门，与第

一层楼等高。朝向花园之底层部分可以建成洞室或凉轩，亦称夏

屋，不过只让面对花园的房间有门窗与之相通，且使门窗底部与

地齐，而不得过低，以避潮气。内庭中央应建喷泉与雕像等物，

院内铺砌亦与前庭院相同。这些房间系供家人居住，其顶端处则

辟做私人收藏室。其中一部分还应建有疗养房间，以备王公或其

他人养疴之需，故卧室与前厅后房均不可缺乏。不过这些都应建

在二楼。至于一楼与三楼须配有下有立柱支撑之宽阔阳台，以供

居者玩赏园芳菲，草木清华。其对面两隅处，亦应筑成精致小阁，

铺砌装修亦力求雅观，周围则五色彩窗，璀璨耀人，其上并有华贵圆顶一座，其他种种精巧装置，不及缕述。我甚至认为，如条件许可，不妨在三楼阳台处附近有多股喷泉自高墙洒泄而下，只需排水便利，不致造成积涝。有关宫殿建造之模型便主要谈到此处。

《论建筑》

不过还有一事不可忽略，即从后至前，须有三重院落。亦即一是简朴之绿色庭院，四周建有围墙；其次即所谓之中庭，构造与前者相同，但装修更为讲究，围墙之上不乏塔角雉堞或垛口一类的饰物；最后第三庭院，这个庭院则须：与宫殿前首形成一个广场。这里周围不需建屋，也不必有裸露于外之墙垣，但环院三面却须建有装设精致、上有铅皮覆顶之美丽游廊；而游廊之内侧则须用立柱而不用拱门支撑。

《论建筑》

那些办公房间，则须与宫殿所在地保有一定之距离，可用一些

上有顶盖之游廊以使之与宫殿相连。

《论建筑》

没有花园，建筑物和宫殿会变成粗鄙的工艺。正如人们所见，

在时代走向文明的过程中，人们总是先创造宏伟的建筑而后创造优

雅的园林。

《论花园》

我认为一个优雅的花园，应该是和一年中全部的月份都相适应

的花园，一年里的每个月，都有美丽的时令花木。在十一、十二

月和一月的后半月，你必须种一些在整个冬天都能够绿色盎然的

植物，像冬青、常春藤、月桂、桧树、柏树、紫杉树、松树、冷

杉树、迷迭香、薰衣草、白色、紫色和蓝色的长春花，而石蚕、

菖蒲、柑橘、柠檬和桃金娘、乔栾，则要种植在温度暖和的地方。

此后，一月底和二月，是瑞香树以及黄色和灰色的两类报春花、

樱花、银莲花、早开的郁金香、荷兰风信子、小鸢尾、贝母开花

的时节。

《论花园》

三月，有香堇，尤其是单花办发蓝的那一种，它最早开花，还

有黄色的水仙和雏菊，杏树、桃树和山茱萸树都盛开花朵，以及多

花蔷薇。在四月，有双花白色的香堇、黄紫罗兰、香紫罗兰、黄花

九轮草、蝴蝶花、多种百合花。迷迭香、郁金香、重办牡丹、白色

水仙和法国忍冬、樱桃树、大马士革李树和洋李树也都开了花，还

有长出了新叶的白花蔓陀罗和丁香树。

《论花园》

五月和六月，争着开放的是各种石竹花，尤其是红色石竹，开

花较晚的麝香蔷薇之外的其他蔷薇花，还有忍冬、草莓、牛舌草、

楼斗莱、法国和非洲的万寿菊，而樱桃树则结满了果实，茶蔗子和

无花果树都在结果，蔗莓、葡萄花、薰衣草、白色的香兰、百合草、

铃兰和苹果树也在开花。

《论花园》

七月，会有多样紫罗兰、麝香蔷薇、橙树在开花，而早熟的梨和洋李树也在结果，已经结果的还有早熟的苹果和尖头苹果。和八月相适宜的有各种结果李树，以及梨、杏、伏牛花、栋、甜瓜和各种颜色的附子。

《论花园》

九月，点缀花园的是葡萄、苹果、五颜六色的罂粟花、桃子、韫樟桃、油桃、山茱萸、冬梨。

《论花园》

到了十月和十一月初，开花结果的有花楸果、欧楂树、野生李树，因为修剪和移植而迟开的蔷薇、蜀葵之类的花木。上面这些花木的情况是根据伦敦的气候条件而言，但我的意思是如果这样做，你的花园里将有一个永久的春季。

《论花园》

因为花的香味在空气中要比在手里更为强烈，因而，没有哪类事情比了解哪种花卉最能使空气中充满香味更令人赏心。

《论花园》

蔷薇，没有香气，所以当你走在一大排蔷薇的旁边时，也不会嗅到它们的味道，甚至在晨露下也是如此。月桂同样也无香味，迷迭香的香气则更少，茉乔栾的香味也不多。在空气中产生香气最为浓郁的是香堇，尤其是白色双重花办的香堇，它一年盛开两次，一次在四月中旬左右，另一次在八月末尾。其次是麝香蔷薇；然后是草莓马上败落的叶子，它有一种美妙的、令人激动的气味；再就是葡萄的花，小颗粒，像小糠草草籽，它最早长出来时，是结成穗的。再后是多花蔷薇、黄紫罗兰，这种花放在客厅或者卧室较低的窗台上是很令人舒心的。以下依次为石竹花和紫罗兰，特别是花坛石竹和丁香紫兰。之后是橙树的花，依次是忍冬，只是品味这种花的香气不要离的过近。豆花，它们是田地里的花，不是徘徊其左右，而只有踩在上面将其弄碎，才能使空气中充满令人愉悦的香味，而这样的花木共有三种：地榆、野生百里香和水薄荷。所以，你可以在花园中所有的小路上种上它们，这样在你漫步踏过它们时，将会收获一份快乐。

《论花园》

关于花园，它应该至少有三十英亩，划为三部分，在入口处是一块草坪，而出口处是一片花草灌木，中间是花园的重点部分，另外两边有一些小路。我希望如此，四英亩土地作为草坪，花草灌木丛占六英亩，两边在各用四英亩，花园的中心部分占十二英亩。

《论花园》

草坪有两个好处：其一，修剪适宜的草坪给人视觉上的快感，是任何事物无法相比的；其二，草坪中间能够给予你一条令人愉悦的小路，你有必要在草坪的两边让花匠开一条有遮盖的小路，这样，你就舒服的在荫凉下进入花园。至于用各种色彩的土修成花坛和图形放置在接近花园一边的房子的窗前，如同玩具，你可能多次在果酱馅饼中看到同样的景色。

至于篱笆以内的花园，尽可以做多种设计。

《论花园》

在有些地方应建造一些美观的圆柱和广阔的道路。而在花园的正中间，最好有一座漂亮的小山，山上有三段阶梯和多条道路，其宽度足以让四人并肩通过。还要有一些很不错的环形路，整个小山有三十英尺左右高，上面建有几间相当好带有干净壁炉的宴会屋子。

《论花园》

喷泉，它们是非常好看和爽心的，两种：一种是喷淋的和喷水

的，另一种是一个三十或四十英尺的美观的水池。但不要有黏土和

淤泥。第一种用镀金的，或者以大理石雕像作为装饰物，像目前常

见的那些，都不错。不过问题在于如何让水流动，不管是在水槽和

水池，都不会使水滞留，否则水就会发污、变色、或长满苔藓之类

的东西。除了水流之外，还应每天精心清洗。

《论花园》

我们可以叫它游泳池，可以用心铺设池底，砌成图案，此外也

可以装饰与彩色玻璃一样的有光泽的饰物，并且周围可用低些的雕

像作栏杆。但要使水不停地流动，提供水池用水的水源，它的水位

应高于水池，通过一个喷口注入水池中，经由同样口径的水管在地

下流出去。

《论花园》

喷水如虹而不溢，或使水升高形成各种的造型，它们看上去都

很美妙，但对于健康和精神愉快而言似乎大可不必。

《论花园》

　　花卉灌木，是花园的第三部分，我认为它的构造要尽量自然而
原始。不植树，只可种植一些多花蔷薇、忍冬和野葡萄之类的花木。
在地面上要种一些香堇、草莓和报春花，因为可以闻它们散发的
香气。

《论花园》

　　最有趣的小土堆，可以种植野生百里香、石竹，或石蚕，还可
种植长春花、香堇、草莓、黄花九轮草、雏菊、红玫瑰、山谷百
合、红色的美洲石竹、乌斗和一些不太名贵但却好看而又有香味
的花木。

《论花园》

　　关于花园边上的土地，你应修建各种各样安静的小路，其中一
些可以遮阳，另一些还应该可避风，当风刮起时，你就如同在走廊

中散步。

《论花园》

另外还需注意的是，你在花园内种的果树，应该宽阔而低矮，并且周围种些漂亮的花草，但数量要少，以免它们对树木的生长形成不利。在两边土地的最里头，我以为应有一座不高不低的小山，人站在山上，花园的围墙不能太高，以便眺望花园之外的原野。

《论花园》

花园之中应有凉亭。但注意不要闭塞，而要空气非常流通。至于荫凉，我认为你尽管留给边侧土地的小路，如果你愿意，在最热的时候，可以在其间散步。花园的主体部分则是为一年中气温暖和而建造的，要适宜酷热的夏天和清晨、黄昏或多云阴郁的天气。

《论花园》

　　这是我对花园设想的一个轮廓，但没有必要非建这样一座花

园，因为要花很多钱。然而，这一点对于贵族们而言却并不算多，

他们一般会听取工匠们的想法，而把许多东西放置在一起，有时

还为了华丽的铺张而增加雕像和类似的玩意，但这恰恰是园林艺

术的大忌。

《论花园》

培根

处事·交际

一个人去某国游历，如果未能提前掌握一点该国的语言，就等同于去上学，而不是旅行。

《论游历》

年轻人出游时，能有一名教习或可靠仆夫相伴随，我以为最好。监护人既通晓该国语言，又曾经去过其地，必能向他指明所去之国中有哪些景物值得游观，有哪些人士需要结识，乃至在彼处可以学到什么。不如此这个人便仿佛只是蒙面而行，两眼摸黑，以致所见不广。不过每每有这种情形，海行之际，烟水茫茫，海天一片，往往无甚足观，游人此时遂多作日记；而走旱路时，可观之事物殊多，几乎应接不暇，于是日记之事遂废；仿佛日记之记与不记，全凭偶然，而与原定之游观目的了无相关，甚可怪也。然而日记之事何时亦不应废。

《论游历》

培
根

在游历之中，至少有这些事物值得浏览：君王的宫廷，尤其是接见外宾之所；法庭，最好是正在审案的法庭；教会会议、教堂和寺院和那儿遗存的纪念物；城镇的墙垣和旧时堡垒；还有商埠和港湾，古物和墟址；图书馆、学院；航运和海军；靠近大都市的宏伟而豪华美丽的房屋和花园；军械库、兵工厂、仓库、交易所；金融市场；货栈；马术练习、击剑、士兵训练以及诸如此类的一切；上流人士经常光顾的戏院；盛放珍珠袍服的宝库；橱柜和奇物。总的说，所去的地方中值得记住的一切，向导应当对此作出认真的调查。至于凯旋式、假面剧、宴席、婚礼、葬仪、处决人之类的景象，人们不应念念不忘，不过也不应匆匆错过。

《论游历》

对年轻人来说，游历是一种教育；对年长者来说，游历则是一种经验。

《论游历》

在一个城市中不要逗留太久，具体时间视该地的价值而定。而且，在一个城市或小镇作停留时，应该变换居住地点，从城镇的一端搬迁到另一端和结交熟人。还应该与同胞分处，不要与他们待在一起，应在可以遇见游历国家的名流的地方就餐；迁往异处时，应该设法得到别人的引荐，去拜访居住在他所迁居之处的某位名流，这样就可有很多收获，还可缩短行期。

《论游历》

在旅行时还应当去拜访享有盛名的人物，为的是可以借此分辨出是否名实相称，至于争吵，则应小心谨慎地避免，纷争的原因通常在于女人、健康、语言禁忌。一个人应该认识到，与急躁的、爱争斗的人为伍该怎样小心，因为他们会把你拖入他们自身的争斗中去，给他带来危险。

《论游历》

在游历结束回到故乡以后，不可把所游历的国家完全抛诸脑后，而应与他所结交的最有价值的那些人保持通信往来。

《论游历》

游历应体现在与别人的谈话中，而不应体现在服饰或仪态上。在谈话上，最好是先回答别人的提问了，而不是争于叙述自己的经历，不应该让人看到用国外的习惯取代自己国家的习惯而成为忘记祖先风俗的人，而应当是把从国外学到的高雅习俗移入本国习俗之中。

《论游历》

猜疑如同蝙蝠，永远在黑夜里飞翔。猜疑应有所节制，最好被彻底制止。因为它使人陷入迷惘，而且也有损于事业，使之不能顺利进展。猜疑易使君王行使暴政，丈夫心怀嫉妒，智者优柔寡断。

猜疑这种毛病，它不在人的心里，而在脑中，即便那些天性勇敢的人，例如英国国王亨利七世，也会产生多疑的思想，而且，世界上再没有人比他更爱怀疑，也没有人比他更加勇敢。但以他的性格和能力，猜疑对他的伤害不致太深，因为像他这样的人不会随便猜疑，他们总要有一番调查。但在天性怯懦的人那里，猜疑则滋长迅速。疑心很重的人，最大的问题是对事物的了解不彻底。因此，人们应当尽量对事情多一些掌握，不要把猜疑之心掩藏起来，这样才能解决疑惑。

《论猜疑》

人们到底需要什么？他们难道认为他们所接触的都是圣人？他们就不认为这些人也会有自己的私心，忠于自己更甚于忠于别人么？因此，消除猜疑的最好方法是，先暂且认为这猜疑属实以做最坏打算，然后再将它作为假想而给以约束。因为一个人应当预先心理有所准备，如果所疑当真，自己可避免其害，对疑念的利用应该如此。

人心产生的猜疑，无非是些传闻、流言而已，但那些由交头接耳、无事生非而产生的猜疑，却是一种毒刺。要想穿透层层迷雾，最好的方法就是开诚布公地与对方相见，这样，他能更加确切地了解对方，也能使对方更加注意，避免没必要的授人以猜疑之柄。但是，这种方法对品质差的人绝不适用，因为这类人一旦发现自己被别人猜疑，永远都会伪装下去。

《论猜疑》

意大利有一句谚语道，Sospetto licencia fede〔猜疑开了放弃忠诚之门〕①，仿佛猜疑对忠诚竟无异是一纸自由通行证！但猜疑实质应起到使受猜疑的人不再受到人的猜疑才是。

《论猜疑》

任何坏事都有人去承担，而任何请托都败坏公益。许多好事情，往往因承担的人心术不正而流产，这些人其实口是心非，有的人答

———————————
① 也即是说，猜疑解除了必须忠诚的义务。

应了请托，心里却并不准备替人去办，但是一旦他们发现别人有希

望把事情做成功时，他们就很想得到那请托者的感激之情，要使那

人确信他们真为他办过事，或者获取一份酬劳。

《论请托者》

有些人接受别人的请托，只是为了借它来阻挠别人，或者是用

恰当的借口来拨弄是非，当这些目的实现之后，那原来所托之事的

成败被他们置之脑后了。或者，一般来说，这些人之所以乐于请托，

不过是他从此事中占些便宜。甚至还有些人答应受人请托，其目的

只是可以讨那人的欢心。

《论请托者》

在每种请托之中难免会有是非，假如是为争讼的请托，那就有

曲有直了；假如是为赏罚的请托，那就有功有过了。假如一个人因

感情用事而在诉讼之争中偏向败方，那么他最好利用他的影响进行

和解，而不要把事情做绝。

《论请托者》

　　遇到自己不明白的请托之事，最好去请教一位忠厚而有远见的

友人，这个朋友可以帮你分析事情的可行性有多大。但是这类事须

要谨慎选择，有所请托的人对于耽搁和欺骗是极讨厌的。因此，如

果第一次来请求时有必要清楚告诉他，说你不乐意办这件事；又如

果为他做事，但在事情进行时须把实情告诉他而无须粉饰。

《论请托者》

培
根

　　说不了解一桩请托的价值，那尚可算是无知，但说不了解一桩

请托的是非，那便只能说是全无道德了。

《论请托者》

　　在请托中办事严守机密肯定是成功的要首。因如若不然，而是

对自己的一些功绩大吹大擂时，虽会使一些请托人失去信心，却

也会使另一些人更加紧活动起来。但最主要的一事仍在请托的时

机定得合宜。所谓时机定得合宜，还不仅指受托的人这时才会答应去办，而且也包括这种时候其他人不致出来阻挠。另外在挑选人时，宁可物色那最合适的普通人，也不可去搬动大人物，宁可信靠那具体的办事员，也不可指望那部门总管。所提要求一时未能获准也未必再次便不能得补偿，这里要紧的是不可使悻悻之情见于辞色。

《论请托者》

有句话是，Iniquum petas, ut aequum feras〔超过合理限度的要求才能得接近合理限度的满足〕，这条妙法对一个比较得宠的人往往适用；否则一项高要求的提出便只能是渐进的。原因是，如果所托的人一开始便回绝了我们，那么我们便会不仅从此失去了那个办事人，还会连同我们过去对他的许多好处也都一并失去。

《论请托者》

世上的恶事再无过于那批专为求情托人而费尽心机的人，这类人对公务正事实在是一种剧毒大害，瘟疫灾难。

《论请托者》

不修边幅的人，必须有超人的才华美德，就好像没有衬景的宝石必定是很珍贵的一样。

《论礼节与仪容》

一个人好深入观察的话便可以看到，才华也和经商一样。小利来得快捷，而大利则比较稀疏。同样，小小的举止常常得到高度的称赞，因为这小节是常为人所注意的；而施展大才的机会则仿佛节日，少之又少。因此，一个人若有好的举止，那对他的名誉大有好处，如同伊莎贝拉女王说过的那样，它们就好像长远的推荐书。

《论礼节与仪容》

好的举止的获得，是从不藐视它们开始的，因为一个人只要不

培根

藐视举止，他自然会在他人身上乐于查看这些东西，其余的则要靠

自己。因为假如他很矫情，要表现好的举止，那他的举止就会很不

得体。

《论礼节与仪容》

有些人的举止犹如诗句，其中的每个音节都经过推敲，这样一

个拘于小节上的人不能成就大业；而全然不讲礼仪就等于教别人

跟他一样，结果是使人对于他少了尊重之心。尤其在与生人交往

或处理正事时更要注重礼节。但是无休无止地讲礼节，并且把礼

节推崇到高于一切的地步，那不但是烦琐，并且还能减少旁人对

他的信赖。不能否认，在言辞之间表达一种诚恳适宜的恭维方式

是受欢迎的。

《论礼节与仪容》

一个人与同伴的关系一定是亲密的，因此矜持一点有益；在下

级中是一定可以得到敬重的，因此亲切为佳。

《论礼节与仪容》

　　凡事一旦做得太过分，便会惹人烦。好心助人是好的，只要显出是出于尊重，而并非你天生多情乐施。

《论礼节与仪容》

　　通常在赞同别人的时候，应当谈谈自己的想法。你如果跟他有同样的看法，要略加分别；你如果赞成他的论点，还要加上其他的理由。人们一定要留心，不可太恭维，因为如果这样，则不管他们在其他方面怎样出色，嫉妒他的人一定会加以拍马屁的恶名，有损他的美德。

《论礼节与仪容》

　　在事务中过于多礼有害，所以所罗门说："看风的人不能下种，看云的人将不能丰收。"

《论礼节与仪容》

人们的举止好比他们的衣服，不可太紧或过于讲究，应当宽松

一点，才能行动自如。

《论礼节与仪容》

培

根

成功·成才

许多时候，幸运的机会就如同市场，如果你能忍耐以求，价格总会下跌；同时，它有时又像西比拉卖书那样，起初倾巢售出，其后则零兜碎售，却仍然要全部物品的价格。因为正如谚语所说，机会"先是把她的额前的一绺垂发呈献出来，然后又露出一个秃顶"，或者起码它先把瓶子的把手给你，如果我不及时抓住，再给你难抓的瓶身。

《论机会》

正确选择事情开端的时机，绝对是一种难得的智慧。在一些危险关头，极端危险要多许多，只要能挺得过最难熬的时机，危险就无足轻重了，因为犹豫的结果恰恰是错过了制服它的机会，因此在危险尚未临头之时迎头痛击，胜于太长时间地注视着危险的临近；

另一方面，就像在月夜看人很容易受过长影子的欺骗一样而过于快速采取行动，也会因提前防范而招致危险。

《论机会》

培根

培根年谱

公元纪年	年龄	记　　事
1561		培根生于伦敦。
1573	12	剑桥大学读书。
1576	15	进格雷律师学院。
1577	16	因奔父丧回国。为英国驻法国大使的随员。
1582	21	取得律师资格。
1584	23	当选为下院议员，代表梅尔科姆里吉斯。
1597	36	《人生论》第一版出版。
1602	41	授封为爵士。
1605	45	《学术的进展》出版。
1606	46	与艾丽斯·巴恩哈姆结婚。
1607	47	任副检察长。
1610	50	培根的母亲去世。
1612	52	《人生论》第二版出版。
1613	53	任检察总长。
1614	54	英国数学家纳皮尔发明了对数。
1616	56	任枢密院官员。
1617	57	任大法官。

培

根

公元纪年	年龄	记　　事
1618	58	任英国大法官，受封为维鲁伦男爵。
1620	60	《新工具》出版。
1621	61	受封为圣奥尔本子爵。被指控贪污受贿，判罚金4万英镑，监禁于伦敦塔内，并终生逐出朝廷，不得任官，不得进入国会。身败名裂，引退回到戈哈姆伯里别墅。
1622	62	《亨利七世史》出版。
1625	65	《人生论》第三版出版。
1626	66	4月9日去世。 《新亚特兰蒂斯》出版。
1638		《人生论》拉丁文出版。

培

根